퇴근 후에 후다닥

# 밥 한그릇

글과 요리 정훈

상상출판

이 글을 쓰면서도 친정엄마가 떠오르네요. 울 엄마는 가난한 7남매의 맏며느리로 시집을 온 다음 날부터 이일 저일 안 해본 장사가 없으셨어요. 시부모님과 시동생들까지 챙겨야 했으니 그 고달픔이란 이루 말할 수가 없었겠죠. 그래서일까요. 우리 오 남매, 특히 딸들한테는 "너희는 손에 물도 묻히지 말아라~ 그래야 시집가서 편하게 산다"는 말을 귀에 못이 박히도록 하셨어요. 친정엄마 말씀대로 저는 정말 손에 물 한 방울 안 묻히고 어린 나이에 결혼해서 10개월 만에 첫 아이를 낳았어요. 그런 제가 음식인들 제대로 만들었을까요. 제가 처음 만든 김치볶음밥을 보고 큰형부가 "이게 무슨 밥이야?"하고 물었을 정도였으니까요. 그런데 제멋대로 외계인 요리도 하루 이틀이지, 큰아이가 밥을 먹기 시작하면서 음식을 잘해야겠다는 생각이 들더군요. 이제 슬슬 외계인 요리에서 탈출해보고자 저렴하기도 하고 무엇보다 집에서 가까운 동네 복지관 요리 교실에 갔어요. 내친 김에 요리 자격증도 취득하고 요리에 슬슬 재미

를 붙이게 되었지요. 저의 가장 큰 지원군인 남편은 유명한 맛집에 저를 데려가곤 했어요. 덕분에 제 요리 실력도 나날이 일취월장했답니다.

요리는 창작이자 예술 그 자체입니다. 단 한번도 똑같은 요리를 만들 수 없으니까요. 그런 요리에 한번 빠져드니 손에서 밴드가 사라질 날이 없었어요. 그런데 제가 요리를 잘할 수 있는 또 하나의 축복이 있으니, 바로 손맛 좋은 할머니와 친정엄마가 만들어주셨던 음식을 먹고 자랐다는 거예요. 이북 출신인 할머니는 봄이면 갖가지 산나물, 여름이면 콩국수, 가을이면 도토리묵, 겨울이면 산자와 만두를 직접 만들어 주시곤 했어요. 전라도 출신인 친정엄마는 손이 워낙 크셔서 음식은 많이 해야 맛있다며 한가득 만들어 동네 분들을 불러 모아 우물가 마당에서 함께 먹곤 하는 손이 큰 분이셨지요. 그래서 어렸을 때 우리 집은 항상 동네잔치가 벌어지곤 했어요. 엄마의 음식 솜씨는 사람을 모이게 하는 힘이 있었어요. 친정엄마는 제게 음식은 손맛이 중요

하니 손의 감각을 믿으라고 말씀하시지만, 그런 친정엄마를 따라가려면 아직은 멀었어요.

어느덧 요리 블로그를 시작한 지 1,000일이 넘어가네요. 블로그에 올릴 요리를 하루도 빠짐없이 매일 만들다 보니 손도 많이 빨라지고, 요리 솜씨도 좋아졌다는 소리를 많이 들어요. 우리 남편은 먹고 싶은 음식이 있으면, 신의 손이라며 저를 추켜세우기도 하지요. 제가 요리를 할 수 있게 했던 두 딸 성은이와 신우도 이담에 크고 나면 이 엄마의 손맛을 그리워하겠죠. 어렸을 때 학교를 마치고 마을 어귀에 들어서면 초가집 굴뚝에서 연기가 모락모락 피어오르곤 했어요. '할머니가 밥을 짓고 계시구나' 하며 집으로 들어섰지요. 어김없이 큰 가마솥에 밥을 짓고 계시는 할머니는 밥에 뜸을 들일 때 큰 양푼에 달걀을 10개 정도 풀어 얹어 밥과 함께 뜸을 들여 맛있는 달걀찜도 만들어주셨죠. 밥을 다 먹을 즈음에는 누룽지에 찬물을 부어 누룽지탕을 만드셨으니, 배가 부른데도 누룽지탕을 먹어야 밥을 먹은 것

같았어요. 아홉 식구가 모두 모여 머리를 맞대고 먹는 저녁 밥상은 내 삶의 단편들이자 어린 날의 추억이며, 가족들의 사랑이었습니다. 점점 시간이 흐를수록 좋은 음식이란, 맛있는 음식이 아니라 어떤 사람과 먹느냐가 더 중요하다는 생각이 들어요.

이 세상에서 가장 맛있는 밥은 사랑하는 사람과 함께 먹는 밥이에요. 오늘도 끼니 거르지 마시고 꼭 밥으로 든든하게 챙겨 드세요. 밥이 이 세상을 살아가게 하는 힘이고 사랑이라는 것을 저는 믿거든요.


아솜 정훈

# CONTENTS

**C O O K I N G**
**N O T E**
## 아솜의 펀 키친

# 1
## CHAPTER

# 김밥과 주먹밥 30

## 2 CHAPTER

초밥과 쌈밥 20

## 3 CHAPTER

비빔밥과 영양밥 15

# 4
## CHAPTER

## 볶음밥 10

# 5
## CHAPTER

## 국물에 말아 먹는 국밥 10

# 6
## CHAPTER

덮밥 17

# 7
## CHAPTER

찬밥으로 끓인 죽 15

# 1

## SPECIAL CHAPTER

밥 한그릇에
곁들이는 국 10

# 2

## SPECIAL CHAPTER

밥 한그릇에
곁들이는 찬 14

# Cooking Note

## 아솜의 펀 키친

밥때가 되면 그녀의 주방에서 맛있는 밥 냄새가 피어오릅니다.
시간 없을 때에 후다닥 만들어
별다른 찬 없이도 맛있게 한 그릇 비울 수 있는 보약 밥.

음식 보약인 밥을 짓기 전에
기본양념과 육수 내는 법, 식재료 보관법, 주요 식재료의 냉동법과 해동법,
맞벌이나 싱글족의 요리 시간을 즐겁게 할 주방도구부터 살펴보세요.

Fun Kitchen

● **가루 재료 계량하기** 소금, 설탕, 고춧가루, 후춧가루, 통깨…

 1은 밥숟가락으로 수북하게 떠서 위를 편평하게 깎은 양

 0.5는 밥숟가락 절반 정도의 양

 0.3은 밥숟가락 1/3 정도의 양

● **장류 계량하기** 고추장, 된장…

 1은 밥숟가락으로 수북하게 떠서 위를 편평하게 깎은 양

 0.5는 밥숟가락 절반 정도의 양

 0.3은 밥숟가락 1/3 정도의 양

● **일회용 컵으로 쌀 계량하기**

 1컵은 수북하게 떠서 위를 편평하게 깎은 양

● **일회용 컵으로 액체 재료 계량하기**

 1컵은 일회용 컵에 가득 담은 양으로 200ml에 조금 부족한 양

 1/2컵은 일회용 컵의 중간 지점에서 살짝 올라오도록 담은 양

 1/3컵은 일회용 컵의 중간 지점에서 조금 아래로 담은 양

● **액체 재료 계량하기** 간장, 식초, 맛술…

 1은 밥숟가락을 가득 채운 양

 0.5는 밥숟가락의 절반 정도의 양

 0.3은 밥숟가락의 1/3 정도의 양

● **향신채 계량하기** 다진 파, 다진 마늘…

 1은 밥숟가락을 가득 채운 양

 0.5는 밥숟가락의 절반 정도의 양

 0.3은 밥숟가락의 1/3 정도의 양

**기억해두세요!**

✛ 국물용 멸치 1줌은 한 손으로 크게 쥐었을 때의 양.

✛ 약간은 엄지와 검지로 소금이나 후춧가루를 집을 수 있는 정도의 소량으로 약간이라 표기되어 있어도 입맛에 맞게 간을 조절하세요.

✛ 모든 재료는 입맛에 맞게 비슷한 식재료로 대체 가능해요.

몸에 좋은 쌀 고르기와 밥 짓기

### ● 좋은 쌀 고르기

#### 1. 도정 날짜를 살펴라

쌀 포장에는 품질 표시 항목이 있다. 여기에는 생산 연도, 중량, 품종, 원산지, 도정 일자가 적혀 있다. 특히 주의해서 봐야 할 것은 생산 연도와 도정 일자. 생산 연도로는 햅쌀인지, 묵은쌀인지를 판별할 수 있고, 도정 일자는 신선도의 지표다. 쌀은 도정한 뒤 30일쯤까지 밥맛이 가장 좋다. 도정 후 30일이 지나면 수분이 날아가는 등 서서히 변질이 시작되면서 밥맛도 달라진다. 이 때문에 도정 일자는 가까울수록 좋다. 11월부터 다음해 3월까지는 가능한 한 도정 일자가 30일 이내인 상품을 고른다. 4월부터 8월에 쌀을 구매할 때는 도정 일자가 15일 이내인 상품을 선택하는 게 좋다. 날씨가 더워지기 시작해 도정 후 더 빨리 변질될 수 있다. 이 때문에 봄, 여름에는 가을, 겨울보다 소포장 상품을 고르는 것도 밥맛을 유지하는 비결이다. 가장 좋은 것은 금방 찧은 쌀을 먹는 것이다.

#### 2. 성분을 확인하라

올 2월부터 쌀 성분과 품질에 관한 구체적인 정보를 품질표시에 포함하도록 관련 규정이 개선됐다. 쌀의 단백질 함량, 완전립 비율, 품종 순도의 세 가지 항목을 표기하도록 했다. 이는 의무 표시 사항은 아니다. 쌀의 품질이 보통 기준보다 좋은 경우, 즉 고품질의 쌀을 소비자들이 알기 쉽게 돕기 위한 것이다. 세 항목은 각각 세 단위로 구별된다. 단백질 함량은 6.0% 이하, 6.1~6.5%, 6.6% 이상으로 나눈다. 단백질 함량이 낮을수록 좋은 쌀이다. 완전립은 쌀알이 깨지지 않고 모양이 변형되지 않은 것을 말한다. 포장당 완전립의 비율을 96% 이상, 93.0~95.9%, 92.9% 이하로 구분한다. 완전립 비율이 높을수록 밥맛이 좋은데 수분 증발이 안되며 영양 성분의 훼손도 덜하기 때문이다. 품종 순도 표시는 90% 이상, 85~90%, 84% 이하로 나눈다. 품종 순도는 높을수록 품종 고유의 밥맛을 느낄 수 있다.

#### 3. 눈으로 확인하라

속이 보일 정도로 투명한 쌀이 좋은 쌀이다. 쌀 포장지의 투명 창을 통해 보면 육안으로 쌀 상태를 확인할 수 있다. 쌀알 모양은 타원형이고, 깨진 쌀알이 많지 않은 게 좋다. 쌀에 검은색 점이 있거나 푸르스름한 색을 띠는 것은 피한다. 불투명한 흰색은 쌀이 제대로 익지 않은 것이다.

### ● 쌀의 종류

**백미(멥쌀)** : 보통 우리가 먹는 쌀로 반투명하고 광택이 있다.

**현미** : 씨눈과 쌀겨를 벗겨내지 않아 비타민과 단백질, 지방, 섬유질, 미네랄 등 여러 가지 영양소가 고루 풍부하게 들어 있다. 현미로 밥을 지을 때는 반나절 이상 물에 담가두는 것이 좋고, 밥물은 현미 1에 1.5(백미에서는 1.2)의 비율로 붓는다. 현미에는 식이섬유소가 많아 당분이 서서히 흡수되므로 다이어트에 효과적이다.

**발아현미** : 발아현미는 벼의 왕겨를 제거한 현미의 싹을 1~5mm 정도 틔운 쌀이다. 32°C 정도의 물에 22시간쯤 담가두면 약 30%의 수분을 흡수한 단계에서 발아가 된다. 현미에 비해 소화와 흡수가 잘된다.

**오분도미, 칠분도미** : 도정 정도에 따라 쌀겨층을 완전히 벗겨낸 것을 십분도미, 70%만 벗겨낸 것을 칠분도미라고 한다. 오분도미는 쌀겨층을 50%만 벗겨내어 쌀눈을 남겨둔 것으로, 현미와 백미의 중간 정도에 해당된다. 또 백미보다 섬유질이 많아서 장의 운동을 활발하게 하므로 숙변을 막고 쾌변을 촉진하는 효과도 있다. 오분도미로 밥을 지을 때에는 여름철에는 2시간 정도, 겨울철에는 3~4시간 정도 물에 담가 불리면 된다.

**찹쌀** : 흰색을 띠고 불투명하다. 차진 기운이 높고, 멥쌀보다 소화가 잘되는 게 특징. 찰떡, 인절미, 경단, 단자 등 여러 가지 떡을 만들며 찰밥, 약식, 식혜, 술, 고추장 등을 만드는 데도 쓰인다. 묵은쌀로 밥을 지을 때 백미(멥쌀) 2컵에 찹쌀을 1줌 정도 넣어 밥을 지으면 맛있다.

**흑미** : 검은빛을 띠고 구수한 향이 나서 백미밥을 지을 때 조금씩 섞으면 밥맛이 좋다. 항산화·항암, 항궤양 효과가 있다고 알려진 안토시아닌이라는 수용성 색소가 있어 검은색을 띤다. 안토시아닌이 검은콩보다 4배 이상 들어 있으며, 비타민 B군을 비롯하여 철, 아연, 셀레늄 등의 무기염류는 일반 쌀의 5배 이상 함유되어 있다

## ● 쌀 보관법

쌀은 수분이 날아가면 밥을 지었을 때 찰기가 없어지므로 보관에 주의해야 하며 쌀을 덜 때 물이 묻은 용기는 사용하지 않는다. 서늘하고 바람이 통하며 햇빛이 들지 않는 곳에 보관한다. 종이에 포장된 쌀은 쌀독이나 쌀통에 보관할 필요 없이 그대로 두어도 된다. 하지만, 비닐을 코팅한 종이나 은박지를 입힌 포장은 공기가 차단되어 좋지 않다. 직사광선 아래나 음식을 할 때 열기를 받거나 습기가 많은 곳도 피한다. 이런 곳에 쌀을 보관하면 변색되거나 냄새가 나고 쌀벌레가 생기기 쉽다.

쌀통은 새 쌀을 넣기 전에 깨끗이 씻어 완전히 건조시킨 후에 담는다. 황토 쌀통이나 옹기에 넣어 보관해도 좋다. 요즘은 쌀 안에 보관하는 시판용 천연 제습제를 사용하면 쌀벌레도 안 생기고 쌀을 오래 보관할 수 있다. 마늘은 쌀벌레 퇴치에 좋고 사과는 신선도 유지에 좋다. 한여름 폭염이 계속될 때에는 냉장 보관하는 것도 방법인데, 제일 좋은 방법은 소량씩 구매해서 빠른 시일내에 먹는 것이다.

### ✚ 쌀 씻는 요령

1. 첫 번째 씻는 물은 충분히 부어 재빨리 살살 헹구어 버린다. 물에 오래 담가 씻으면 쌀겨 냄새가 그대로 배어 밥을 지은 후에도 퀘퀘한 맛과 냄새가 난다.

2. 쌀을 씻을 때 힘주어 박박 씻지 않고 손가락 사이사이로 휘젓듯이 부드럽게 헹군다. 쌀을 박박 씻으면 쌀눈의 영양이 손실된다. 쌀 씻은 물이 어느 정도 투명해지면 더 이상 씻지 않는다. 헹구는 횟수는 3~5회가 적당하다.

3. 쌀을 손이 아닌 거품기로 살살 씻으면 편하다.

### ✚ 쌀뜨물 받는 법과 활용법

쌀을 씻은 첫 물은 버리지 말고 화분에 주면 영양제 역할을 한다. 2~3번째 받은 물은 과일이나 채소를 닦을 때나 설거지를 할 때, 세안할 때 사용해도 좋다. 4~5번째 받은 물은 찌개를 끓일 때 사용하면 맛이 구수하고 깊어진다. 특히 생선찌개를 끓일 때 쌀뜨물을 넣고 끓이면 생선의 비린내를 잡는다. 닭 요리를 할 때 쌀뜨물에 닭을 담갔다 조리하면 잡냄새가 사라진다. 또 우엉, 토란대, 죽순 등 쌉싸래하고 아린 맛이 나는 채소를 쌀뜨물에 삶으면 채소의 갈변 현상도 막고 쏩쓸한 맛도 제거된다. 이외에도 밀폐용기의 냄새 제거, 유리창 청소, 기름때 제거에 활용할 수 있다.

## ➕ 밥 짓기

### 1. 쌀 씻어 불리기
▶ 찬물에 30분 이상 불린다. 쌀을 씻은 후에 장시간 불리면 밥알 모양이 뭉개져 밥맛이 떨어진다. 단, 추운 겨울이나 묵은쌀을 불릴 때에는 1시간 이상 불린다.

### 2. 불린 쌀 한 번 더 헹구기

### 3. 소쿠리에 담아 물기 빼기
▶ ~3분 정도 소쿠리에 담아둔다.

### 4. 밥물 잡기
▶ 밥물은 1.2배가 적당하나 햅쌀은 1.1배, 묵은쌀은 1.5배로 밥물의 분량을 맞춰야 맛있는 밥을 지을 수 있다. 시간이 없을 때에는 미지근한 물에 10분 정도 불려 밥을 짓는다. 압력솥이나 주물냄비, 스테인리스 냄비, 돌솥 등 조리 기구에 따라 밥물이 달라질 수 있다.

### 5. 10~15분 정도 뜸 들이기
▶ 센 불로 4분 정도 끓이다가 아주 약한 불로 줄여 12분 정도 익히다가 불을 끄고 10~15분 정도 뜸을 들인다.

### 6. 주걱으로 한 번 섞기
▶ 밥에 뜸이 들면 주걱을 이용해 골고루 섞어줘야 밥이 뭉치지 않고 고슬거린다.

## ★ 맛있는 밥 짓기를 돕는 쿠킹 팁

1. 밥이 설익었을 때에는 청주나 소주를 약간 넣고 약한 불에서 뜸 들이듯이 밥을 다시 짓는다.

2. 다시마 우린 물이나 쇠고기 육수로 지으면 색다른 맛을 즐길 수 있다.

3. 샐러드 오일이나 청주를 한두 방울 넣어 밥을 지으면 밥에 윤기가 흐른다.

4. 입맛이 없을 때에는 소금이나 간장을 약간 넣어 밥을 지으면 간이 살짝 배어 입맛을 돋운다.

4. 한 솥에서 된밥과 진밥을 지을 수 있는 기술도 있다. 솥에 쌀을 넣고 손으로 고를 적에 앞쪽은 높게 하고 뒤쪽은 낮게 하여 물을 부어 익히면 높이 올렸던 쪽은 된밥이 되고 낮은 쪽은 진밥이 된다.

5. 묵은쌀은 전날 저녁에 식초를 한두 방울 떨어뜨린 물에 담갔다가 씻어서 물기를 뺀다. 다음 날 아침밥을 지을 때 한 번 더 미지근한 물로 헹구고 밥을 지으면 냄새가 나지 않는다.

6. 보통의 햅쌀은 1.1~1.2배, 즉 쌀 1컵을 넣었다면 물은 1컵 +1/5컵 정도 붓는다. 묵은쌀과 잡곡밥은 쌀의 1.3배 정도의 물을 부으면 된다. 찹쌀은 물의 양을 동일하게 1:1로 잡는다. 계량컵을 사용해 물의 양을 정확하게 측정하고 손등으로 물 높이를 가늠한 다음부터는 계량컵 없이도 물양을 정확하게 잡을 수 있다.

### 천일염

김치를 담글 때 뿐만 아니라 국, 찌개, 무침, 절임, 볶음, 구이 등 모든 요리에 천일염을 사용한다. 소금은 간수를 잘 빼서 깊은 단맛이 나는 해남 함초밭에서 생산된 제품을 사용하고 있다. 소금의 간수는 습하지 않고 그늘진 곳에 신문지를 깔고 벽돌을 쌓아 소금 자루를 얹고 자루 아래에 구멍을 뚫어 간수를 빼면 된다. 오래 묵은 소금일수록 깊은 맛이 나 햇소금보다는 묵은 소금값이 더 비싸다.

### 고추장

집집마다 장맛이 다르듯 시판되는 고추장도 맛이 다르다. 다양한 제품 중 우리 쌀과 태양초로 만든 고추장을 주로 사용한다. 매콤하면서 단맛이 적당히 있어 요리했을 때 깔끔한 뒷맛이 난다. 다만 찌개나 국에 사용하는 고추장은 집고추장을 넣어야 깊은 맛을 낼 수 있다.

### 고춧가루

한국 음식에서 빠질 수 없는 양념인 고춧가루. 매운맛이 나는 태양초 고춧가루를 사용해야 음식의 맛이 잘 사는 것 같다. 국산 고춧가루인 월순네 우리 고춧가루를 주문해 냉장이나 냉동 보관한다.

### 된장

한국 음식은 대부분 간장, 된장, 고추장 등 장류로 간을 맞추고 맛을 내므로, 장의 맛은 곧 음식의 맛을 좌우한다. 된장은 친정엄마가 직접 담근 것을 주로 사용하는데 가끔 집된장이 떨어지면 집된장과 가장 비슷한 맛이 나는 샘표 된장을 쓴다.

### 간장

국간장은 주로 친정엄마가 담가주는 조선간장을 쓰고, 진간장은 샘표 양조간장 501S를 사용한다. 진간장은 볶음, 조림, 무침 등 반찬을 만들 때 넣는다. 이 책에서 간장이라고 표기된 것은 모두 양조간장을 말한다.

### 젓갈

보통 액젓은 비린 맛이 강해서 양념에 넣는 것을 피하게 되는데, 그럴 때에는 초피를 사용하여 비린 맛을 없애고 깔끔한 맛을 내는 초피액젓을 넣는다. 국이나 찌개, 찜, 볶음, 무침, 김치 등 대부분의 요리에 활용할 수 있다. 초피액젓을 구하기 어렵다면 까나리액젓을 사용하면 된다. 또 새우젓은 육젓이나 추젓으로 고르고 군내가 나지 않도록 냉동 보관한다.

### 설탕

설탕이 우리나라에 전해지기 전에는 음식에 단맛을 내기 위하여 꿀과 조청을 사용해왔다. 그러나 설탕이 보급되면서 단맛을 낼 때는 설탕을 많이 사용하게 되었다. 흰설탕, 갈색설탕, 흑설탕을 나눠 사용하며 설탕 대신 꿀이나 조청, 아가베시럽 등을 쓰기도 한다.

### 물엿

물엿은 주로 볶음, 조림, 무침 요리에 윤기와 단맛을 동시에 낼 때 사용한다. 물엿 대신 쌀엿이나 조청을 사용해도 된다.

### 참기름

음식 못하는 사람에게 꼭 필요한 필수품은 참기름. 시어머니는 음식을 할 줄 모르는 아들들에게 "모든 요리의 마지막에 참기름을 1~2방울만 넣어도 맛있어진단다"고 할 정도다. 참기름은 뚜껑을 열었을 때 고소한 향이 짙고 투명하면서 갈색의 황금빛을 띠는 것으로 고른다. 공기와 햇빛에 노출되면 쉽게 상하기 때문에 가급적 입구가 작은 불투명한 병에 담아 서늘한 곳에 보관한다.

### 오일

여러 가지 오일 중 샐러드에는 올리브오일, 튀김 요리에는 산화가 덜 되는 포도씨유나 카놀라유를 사용하고

볶음 요리에는 콩기름이나 옥수수기름을 사용한다.

### 고추기름

중국 요리나 순두부찌개, 육개장 등에 맛있게 매운맛을 낼 때 주로 사용한다. 고추기름은 냉장 보관한다.

### 후춧가루

흰 후춧가루와 검은 후춧가루가 있는데, 흰 것은 완전히 성숙된 후추를 껍질을 벗겨내고 빻은 것이고, 검은 것은 채 익기 전에 따서 말려 빻은 것이다. 후춧가루는 맵고 독특한 풍미가 있어서 고기 누린내나 생선 비린내를 없애는 데 효과적이다.

### 춘장

중국에 짜장면이 없듯 춘장 역시 중국 요리에 자주 등장하지만 중국의 장이 한국에서 독창적으로 변형된 것이라고 한다. 춘장은 짜장면이나 짜장밥에 없어서는 안될 존재로 회사마다 춘장의 맛이 다르다. 춘장은 꼭 기름을 두른 팬에 달달 볶아 사용해야 텁텁한 맛도 사라지고 감칠맛이 난다.

### 두반장

매콤한 사천 요리에 많이 쓰이는 두반장은 중국의 콩으로 만든 장이다. 주로 마파두부에 이용하며 돼지고기나 두부 요리에 넣으면 독특한 풍미를 낸다.

### 청주

한국인이 주식으로 삼는 쌀로 빚는 술로 요리용으로 사용하기에 적합하다. 청주는 고기를 부드럽게 하고 생선 비린내를 없애며 알코올로 인한 삼투압 현상으로 양념이 잘 배면서도 고기가 물러지지 않게 하는 역할을 한다.

### 맛술

찹쌀에 소주와 누룩을 넣어서 만든 단맛이 나는 요리용 술로 음식의 잡냄새를 잡아주고 감칠맛을 낸다. 청주와 다르게 단맛이 있어 맛술을 넣는 요리에는 단맛을 조절해야 한다.

### 굴소스
신선한 생굴을 소금에 발효시켜 웃물을 따라내고 걸쭉한 상태로 만든 대표적인 중국식 소스로 볶음이나 조림, 튀김 등 각종 요리에 두루 쓰인다. 굴 특유의 향미가 있어서 요리에 간장 대신 사용하면 별다른 양념을 첨가하지 않아도 쉽게 맛을 낼 수 있다. 보통 간장보다는 짠맛이 강하고 맛과 향이 진하기 때문에 조금만 넣어도 충분히 감칠맛을 낼 수 있다. 최근에는 MSG가 들어가지 않은 굴소스도 판매되고 있다.

### 참치진국

참치진국은 가다랑어포

와 표고버섯, 감초, 채소를 간장에 달여 만든 맛간장과 같은 양념이다. 모든 요리에 감칠맛을 낼 때 사용하면 좋다.

### 참치한스푼
참치살을 천일염과 영지버섯, 표고버섯, 채소에 우려낸 액젓 타입의 양념. 간편하게 깊은 맛을 내고 싶을 때 요긴하게 사용된다.

### 고추냉이, 연겨자

고추냉이는 살균 효과가 있어 초밥이나 생선회의 식중독을 예방하기 위해서도 함께 먹는게 좋다. 요즘은 생고추냉이도 시판되는데 직접 갈아 사용하면 훨씬 진한 맛이 난다. 겨자의 매운맛은 입속에서 남는 시간이 고추냉이보다 길기 때문에 비린내가 오래 남는 생선 양념으로 알맞다. 또 생채 요리와도 잘 어울린다.

### 허브맛솔트
소금에 말린 허브를 넣어 고기의 잡냄새를 잡아주는 허브맛솔트는 육류나 생선, 볶음, 구이 요리에 주로 사용한다. 천일염에 후춧가루, 로즈메리, 말린 마늘 등을 갈아서 섞어 사용해도 된다.

### 머스터드소스

머스터드의 알싸한 향과 맛은 육류의 기름진 맛을 중화시킨다. 특유의 쌉싸래한 맛과 향이

있어 햄, 소시지, 치킨과 같은 육류 요리에 곁들여도 좋다.

### 돈가스 소스
여러 제품 중에 우스터 소스의 함량이 높아 고기의 맛과 향을 살려주는 것을 골라 쓴다. 돈가스 소스는 스파게티 소스와 섞어 사용하면 신맛이 중화된다.

### 바비큐 소스

고기 요리에 곁들이면 맛이 한층 풍부해진다. 주로 바비큐 립, 스테이크 등의 고기 요리나 양식 요리에 사용한다.

### 스위트 칠리소스
새콤, 달콤, 매콤한 맛이나 아이들도 좋아하는 소스. 각종 해산물, 육류, 생선, 튀김 등 다양한 요리에 디핑 소스로 사용한다.

### 스파게티 소스

토마토를 이용해 만든 시판 소스로 한국인의 입맛에 잘 맞는다. 스파게티도 간단하게 만들 수 있고 토마토소스를 응용해서 다양한 요리를 만들 수 있다.

### 캡사이신
고추의 매운맛 성분인 캡사이신 제품. 밀양 청양고추를 주원료로 만든다고

하며 텁텁하지 않고 깔끔한 매운맛이 난다. 소량만 사용해도 매운맛이 강하니 사용량은 입맛에 맞게 조절한다.

### 압축 단무지

주먹밥에 단골로 등장하는 압축 단무지는 단무지의 물기를 꼭 짜낸 제품이다. 일반 단무지에 비해 꼬들꼬들하게 씹히는 맛이 좋아 주먹밥과 잘 어울린다.

### tip 구입 정보

**소금 : 해남 함초**
- www.haenamsalt.com
- 02-896-9468

**고춧가루 : 월순네**
- www.weolsoon.co.kr
- 011-9403-2371

**초피액젓 : 와촌식품**
- www.wachonfood.co.kr
- 053-853-6656

**참치진국, 참치한스푼, 캡사이신 : 대왕**
- http://idaewang.com
- 055 391 2111

## 다시마 멸치 육수

**활용 요리** 국수, 국, 찌개, 죽, 탕, 국밥 등

**재료** 다시마(10×10cm) 2장, 국물용 멸치 1줌, 물 5컵

### How to Cook

물 5컵에 다시마 2장을 넣어 30분 정도 불려 냄비에 넣어 끓인다. 끓기 시작하면 다시마는 건져내고 국물용 멸치를 1줌 넣고 약한 불에 10분 정도 끓여 체에 거른다.

### Cookin Tip

- 국물용 멸치는 똥을 제거해야 쓴맛이 나지 않는다.

- 멸치가 완전히 마르지 않으면 비린 맛이 나므로 물기가 있는 멸치라면 기름을 두르지 않은 팬에 볶는다.

- 멸치를 넣을 때 청주나 소주를 약간 넣으면 비린 맛이 나지 않는다.

- 마른 표고버섯 1개를 깨끗이 씻어 넣고 좀 더 끓이면 감칠맛이 난다.

- 매콤한 맛을 원하면 마른 고추나 청양고추를 넣어 육수를 우린다.

- 무를 넣으면 시원한 맛을 낼 수 있다.

## 닭 육수

**활용 요리** 죽, 짬뽕이나 짜장밥 소스 등 중국 요리나 서양 요리, 냉면 육수

**재료** 닭 1마리(1kg), 대파 1대, 생강 1톨, 마늘 5쪽, 소주 1, 굵은소금 1, 후춧가루 약간, 물 20컵

### How to Cook

물 20컵에 닭 1마리, 대파 1대, 생강 1톨, 마늘 5쪽, 소주 1, 굵은소금 1, 후춧가루 약간을 넣고 끓인다. 중간 중간 거품을 걷어내며 중간 불에서 1시간 30분에서 2시간 정도 푹 끓여서 체에 거른다.

### Cookin Tip

- 닭뼈로 우려도 좋다.

- 육수를 낸 닭고기로 죽을 끓이거나 냉채를 만들면 좋다.

**육류**
수분이 날아가지 않게 식용유를 한
번 발라 랩으로 감싸 지퍼백에 담아
냉동 보관하면 고기도 연해지고 마
르지 않는다.

**생선과 오징어**
랩으로 한번 꼼꼼하게 감싸 지퍼백
에 담아서 냉동 보관한다. 싱싱한
생선이라도 손질해서 깨끗이 씻어
물기를 잘 닦아 소금을 뿌리고 먹기
편하게 한 마리씩 랩으로 싸서 냉동
보관한다.

**감자**
냉장고가 아닌 바람이 잘 통하는
곳에 보관한다. 보관 상자나 바구
니에 사과를 넣어두면 감자의 싹이
나는 것을 방지할 수 있다. 껍질을
벗긴 감자는 찬물에 담가 물기를 빼
고 비닐백이나 랩으로 싸서 냉장 보
관한다.

**양파**
종이봉투나 양파망에 담아 서늘하
고 바람이 잘 통하는 곳에 둔다. 오
래 저장할 경우 종이봉투에 담아 서
늘한 곳에 두고 건조한 상태를 유지
시킨다.

**호박**
잘라 쓰고 남은 호박은 랩으로 감싸
고 꼭지 부분은 키친타월로 감싸면
오래 보관할 수 있다.

**당근**
수분이 마르지 않게 키친타월로 싸
서 비닐백에 넣어 냉장고의 채소칸
에 보관한다.

**양배추**
양배추는 겉잎을 2~3장 떼고 필요
한 만큼 속잎을 뜯어내고 보관한다.
떼어낸 겉잎으로 감싼 다음 다시 랩
으로 싸서 보관하면 잎 끝이 마르거
나 변색되지 않으며 오랫동안 신선
하다.

**무**
잎이 달린 채 구입했을 때는 사온
즉시 잎 부분을 떼어낸다. 잎을 그대
로 두면 수분이나 양분이 잎의 성장
을 위해 빨려 올라가기 때문에 신선
도가 떨어진다. 자른 무는 키친타월
이나 랩으로 말아서 보관한다.

### 대파

대파는 키친타월로 감싸 세워서 냉장 보관하거나 씻어 다듬은 후 어슷하게 썰어 밀폐용기나 지퍼백에 담아 냉동실에서 얼린다. 사용할 때마다 꺼내서 해동하지 않고 바로 국이나 찌개에 넣으면 된다.

### 고추와 피망

키친타월로 싸서 밀폐용기에 담아 냉장 보관하는데, 더 오래 보관하려면 씨를 빼고 보관한다.

### 시금치

우선 흙이 묻어 있는 채 보관하려면 물을 뿌린 종이에 싸서 보관하면 잎이 마르지 않는다. 깨끗이 씻은 시금치는 비닐백에 담아 채소칸에 세워서 보관한다.

### 마늘

그때그때 빻아서 사용하면 훨씬 맛이 좋지만, 시간이 없으면 한 번에 다져 냉동실에 얇게 펴서 얼렸다가 사용하면 마늘의 색과 맛이 그대로 유지된다.

### 김치

김치가 너무 익어서 군내가 나려할 때 한 쪽씩 비닐백에 담아서 지퍼백에 한 번 더 담아 냉동 보관하면 신선한 묵은지를 먹을 수 있다. 해동시켰다가 다시 냉동하면 김치가 물러지니 꼭 한 쪽씩, 또는 한 끼 먹을 분량씩 포장한다.

### 달걀

달걀은 보관하는 방법에 따라 신선도가 달라지는 신선 식품이다. 신선도를 유지하려면 껍질의 둥근 쪽을 위로, 뾰족한 쪽을 아래로 가도록 놓아둔다.

### 두부

물에 담가 파는 두부는 그 물이 오염되어 있을지도 모르므로 사온 즉시 깨끗한 물을 부어 밀폐용기에 담아 보관한다. 두부를 살짝 데쳐 깨끗한 물에 넣어 보관하면 좀 더 오래 보관할 수 있다.

### 떡과 빵

말랑말랑한 상태일 때 랩으로 잘 싸서 지퍼백에 담아 냉동실에 넣어둔다. 실온에서 해동하면 처음과 똑같이 말랑말랑한 떡과 빵을 먹을 수 있다.

## 3

밥 한그릇의 만찬을 위한 준비

### 냉동고 저장식 꼼꼼 관리법

### 밥

**냉동법** 뜨거울 때 밀폐용기에 담아 바로 냉동 보관한다.

**해동법** 뚜껑을 열고 전자레인지에 데운다.
✚ 단, 보관 기간이 너무 길면 밥맛이 변할 수 있다.

### 볶음밥

**냉동법** 지퍼백에 담아 평평하게 펼쳐 냉동 보관한다.

**해동법** 실온에서 해동한 후 팬에 볶는다.

### 곰국

**냉동법** 완전히 식혀 밀폐용기에 담거나 지퍼백에 담아 평평하게 모양을 잡아 냉동 보관한다.

**해동법** 별도의 해동 없이 냄비에 바로 끓인다.

✚ 비닐백에 담아 냉동시키면 비닐과 곰탕이 함께 얼어서 조리할 때 비닐을 벗겨내야 하는 번거로움이 있다.

### 자투리 채소

**냉동법** 자투리 채소는 잘게 썰어 살짝 데쳐서 지퍼백에 담아 냉동 보관한다.

**해동법** 실온에서 살짝 녹여 바로 요리에 사용한다.
**활용 요리** 찌개, 카레, 짜장 등

### 식빵 자투리

**냉동법** 지퍼백에 담아 냉동 보관한다.

**해동법** 실온에 꺼내 10분 정도 지나면 말랑말랑해진다.

**활용 요리** 튀김용 빵가루, 러스크, 크루통, 프렌치토스트, 식빵강정 등

### 반조리 식품

**냉동법** 직접 만든 돈가스나 완자, 전 등은 서로 달라붙지 않게 사이사이에 비닐이나 종이포일을 깔아 얼려 완전히 얼면 지퍼백에 담아 냉동 보관한다.

**해동법** 전자레인지에서 앞뒤로 1분씩 데워 튀기거나 팬에 식용유를 두르고 지져 먹는다.

### 남은 김밥 재료

**활용 요리** 비빔밥이나 볶음밥, 주먹밥, 알밥으로 만들어 먹는다.

### 남은 김밥

**활용 요리** 달걀물을 묻혀 팬에 식용유를 두르고 노릇하게 굽는다.

### 과일

**냉동법** 바나나는 껍질을 벗겨 지퍼백에 담고, 딸기는 깨끗이 씻어 꼭지를 떼어내어 지퍼백에 담고, 블루베리도 지퍼백에 담아 냉동 보관한다.

**해동법·활용 요리** 실온에서 5분 정도 두었다가 믹서에 요구르트나 플레인 요구르트, 우유와 함께 갈아 마신다.

### 김

**보관법** 김을 냉동 보관하면 일시적으로는 바삭한 김을 먹을 것 같지만, 냉동실과 실온의 온도차가 커서 나중에 먹는 김은 눅눅해질 수 있다. 김은 습기가 있으면 쉽게 눅눅해지니 공기가 닿지 않게 밀봉해서 서늘한 곳이나 냉장실에 보관한다. 식품용 제습제를 넣거나 키친타월을 바닥에 깔고 보관해도 된다.

### 압력솥

전기밥솥에 밥을 하면 왠지 밥맛이 덜한 것 같아 꼭 압력밥솥에 밥을 짓는다. 쌀을 물에 30분 이상 불려 지어야 더 차지고 맛있다. 압력솥은 팥을 삶거나 소갈비찜, 삼계탕 등을 끓일 때도 애용한다. 다만 압력솥에 음식이나 국물을 너무 많이 넣으면 압력추가 막힐 수 있으니 음식이 압력솥 용량의 반을 넘지 않도록 주의한다.

### 코팅 프라이팬

조리를 할 때 바닥에 잘 눌어붙지 않아 편하게 사용할 수 있다. 기름때가 심한 프라이팬은 가스레인지에 올려놓고 소금을 한 주먹 넣어 태운 후 불을 줄이고 신문이나 휴지로 닦으면 묵은 때까지 깨끗하게 닦인다. 이때 소금을 충분히 달군 후에 닦아야 프라이팬 코팅이 벗겨지지 않는다.

프라이팬에 냄새가 뱄을 경우에는

팬을 식혀 소주를 약간 뿌린 다음 20분 정도 두었다가 키친타월로 닦아내면 된다. 또 조리하고 남은 음식, 특히 염분이 있는 음식을 오랫동안 방치하면 코팅 팬을 오래도록 사용할 수 없다.

이때 기름을 둘러 한 번 더 닦아주면 코팅 역할을 해 팬을 오래 쓸 수 있다.

### 스테인리스 냄비

스테인리스 냄비는 다른 재질보다 열전도와 지속성, 균일성이 높아 사용법만 제대로 숙지하면 원하는 요리를 쉽게 만들 수 있다. 대신 무게가 무겁고 음식물이 잘 들러붙어 처음 요리하는 주부들은 적응이 필요하다. 또 재질 특성상 센 불에 가열하면 까맣게 되거나 무지갯빛으로 변색될 수 있다. 유해 성분이 전혀 나오지 않고 녹이 슬지 않아 위생적

이며, 흠집이 잘 나지 않고 절대 깨지지 않아 반영구적으로 쓸 수 있다는 장점이 있다.

스테인리스 냄비는 바닥이 두꺼울수록 뭉근하게 끓이는 요리가 잘되는데 특히 육수를 낼 때 사용하면 좋고 국, 찌개 등 국물이 있는 요리에 적합하다. 스테인리스는 쉽게 변형되거나 흠집이 잘 나지 않아 관리가 쉬운 반영구적 소재라 할 수 있지만 불 조절을 잘 못하면 쉽게 타

기도 한다. 나일론 수세미나 철 수세미로 스테인리스 전용세제를 사용해 닦아내는 것이 좋다. 특히 염분이 강한 음식을 장시간 넣어두거나 기름기가 눌어붙은 것을 방치하면 변색이나 녹이 스는 원인이 될 수 있으니 주의한다.

### 주물 냄비

무쇠 주물 냄비는 열전도율이 높고, 내부의 고른 열 분배로 두꺼운 몸체와 무거운 뚜껑 때문에 압력솥으로 조리하는 것과 같은 효과를 볼 수 있어 최근 인기가 좋다. 반면 표면 유리질 코팅에 스크래치가 생기면 녹이 발생할 수 있으며 급격한 온도 변화에 예민하므로 사용 시 주의가 필요하다.

무쇠 냄비는 시간이 오래 걸리는 찜, 백숙 등을 빠른 시간 안에 부드

럽게 익힌다. 여기에 열전도율과 열 보유율이 높아 영양소의 파괴가 적은 저수분 요리에 좋다. 세척 후에는 물기를 완전히 닦아 건조시키며 냄비 및 뚜껑이 맞닿는 부분은 완전히 말린 다음 기름을 약간 발라주면 보다 오래 사용할 수 있다. 충격에 주의해야 하며 부드러운 소재의 조리 도구와 세척 도구를 사용하는 것이 좋다.

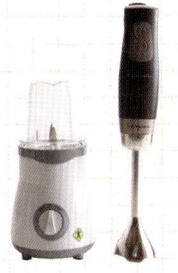

**믹서**

미니 믹서와 핸드 블렌더를 함께 사용한다. 미니 믹서는 양념이나 소스를 만들고 재료를 곱게 갈 때 주로 쓰고 핸드 블렌더는 죽을 곱게 갈 때 유용하게 쓰고 있다.

**칼과 도마**

갖고 있는 칼만 해도 수무 개가 넘을 정도로 다양한 칼을 사용하고 있다. 칼은 용도별로 나누어 사용하면 더욱 좋다. 요즘 애용하는 칼은 세라믹 재질의 칼로 김밥을 썰 때 깔끔하게 썰린다.

칼을 오랫동안 사용하려면 나무도마를 이용하는 게 좋다. 도마는 소금을 문질러 나뭇결을 따라 수세미로 박박 씻어 뜨거운 물을 끼얹어 살균하여 햇빛이 드는 창 쪽에서 직사광선을 받게 하여 완전히 건조시켜 사용한다. 도마에 검은빛이 돌면 레몬 조각으로 문지르면 된다.

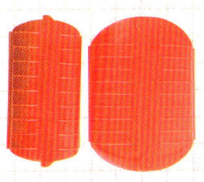

**실리콘 찜기**

예전에는 가스불 위에 올려놓고 사용하는 큼직한 찜기를 사용했는데, 최근에는 실리콘 찜기를 사용하고 있다. 물만 살짝 붓고 전자레인지에서 돌리면 다양한 찜 요리를 간편하게 할 수 있다.

**인덕션 레인지**

인덕션 레인지는 단시간에 조리를 할 수 있어서 편리한 필수품이다. 조리 시 국물이 넘쳐도 바로 행주로 닦을 수 있어 항상 청결하게 사용할 수 있고 비연소 발열 방식이라 실내에 일산화탄소를 방출하지 않아 좋다. 가스와 비교하면 열효율성이 탁월하여 전기료도 절감되는 경제적인 제품이다.

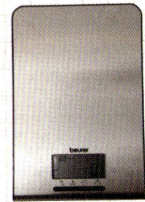

**전자저울**

식재료를 계량할 때 특히 베이킹을 할 때 꼭 있어야 하는 저울. 전자저울은 재료의 무게를 그램 단위로 세세하고 간편하게 잴 수 있다. 번들 상품을 구입했을 때 같은 양으로 나눌 때도 활약한다.

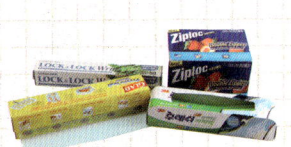

**랩과 팩**

식재료의 신선함을 오래도록 보관하는 주방에서 꼭 필요한 제품인 랩과 각종 비닐백. 채소는 키친타월에 한번 감싸 지퍼백에 담아 냉장 보관하면 신선하게 보관할 수 있다. 육류나 생선은 랩에 한번 싸서 지퍼백에 담아 냉동 보관하면 재료의 표면이 마르지 않고 오래 보관할 수 있다.

**실리콘 주방 도구**

실리콘은 환경호르몬과 유해 물질을 배출하지 않는 친환경 소재다. 차가운 냉동실은 물론 200℃ 이상의 고열에서도 사용할 수 있어 전자레인지와 식기세척기, 오븐 등에서 안심하고 사용할 수 있다. 또 말랑말랑하고 부드러워 깨질 위험이 전혀 없고 변형도 자유롭다. 실리콘 재질의 볶음스푼, 젓가락, 뒤집개 등으로 조리하면 재료의 모양이 거의 손상되지 않으며 코팅 팬에도 긁히지 않는다.

## ★ 김밥과 주먹밥 쿠킹 노하우

○ 김밥과 주먹밥에 들어가는 밥은 고슬고슬하게 지으세요.

○ 달걀지단을 부칠 때 달걀에 소주를 약간 넣으면 달걀의 비린 맛을 없앨 수 있어요.

○ 우엉조림은 처음에는 약한 불에 졸이다가 조림장이 반 정도로 줄어들면 센 불에서 저어가며 볶아야 윤기도 흐르고 간도 잘 배요.

○ 밥에 양념할 때에는 밥알이 으깨지지 않도록 주걱으로 가볍게 섞으세요.

○ 김밥에 간을 맞출 때에는 굵은소금을 곱게 갈아서 간을 맞춰야 더 맛있어요.

○ 김밥을 쌀 때에는 김밥용 김의 거친 면에 밥을 얇게 펴세요.

○ 김밥을 쌀 때 밥의 무게는 180g 정도가 먹기 좋아요. 아이들이 먹을 김밥이라면 밥의 양을 조금 줄이세요.

○ 김 위에 펴는 밥은 김의 끝부분을 2.5cm 정도 남기고 골고루 펴세요.

○ 김밥에 솔로 참기름을 바르고 썰면 더 고소하고 잘 썰어져요.

○ 김밥을 썰어 통깨를 솔솔 뿌리면 더 맛있어요.

○ 삼각김밥용 김은 조미김으로 싸면 간이 되어 있어 더 맛있어요.

○ 주먹밥의 맛있는 밥과 소의 무게는 밥 150g, 소 50g이에요.

김밥과 주먹밥
30

Chapter.1

들어가는 재료는 간단하지만 맛은 아주 좋아요. 식구들이 입맛 없어할 때, 기운이 없을 때 힘내라고 만들어주는 김밥이에요. 식구들은 이 김밥을 먹으면 신기하게도 기운이 난다며 기운내 김밥이라고 불러요. 맛의 열쇠는 참기름과 굵은소금이 쥐고 있어요.

식구들을 위한 엄마의 김밥 응원

# 기운내 김밥

 2~3인분
16줄

 40분

● **주재료**

밥 2공기, 달걀 2개, 당근 1/3개,
단무지(김밥용) 3줄,
김(김밥용) 4장, 식용유 적당량,
시금치 50g, 참기름·통깨 약간씩

● **시금치 양념 재료**

참기름·소금·통깨 약간씩

● **밥 양념 재료**

소금 약간, 참기름 2

● **대체 식재료**

시금치 ▶ 섬초 또는 포항초

달걀은 잘 풀어서 소금으로 간하여 팬에 식용유를 두르고 지단을 부친다.

**tip** 팬에 식용유를 두르고 충분히 달군 다음 달걀물을 부어야 팬에 눌어붙지 않아요.

당근, 단무지, 달걀지단은 8cm 길이로 썰고 김은 4등분 한다.

**tip** 김은 가위로 자르면 편리해요.

팬에 식용유를 두르고 당근을 넣어 볶아 소금으로 간한다.

끓는 물에 소금을 약간 넣고 시금치를 살짝 데쳐 참기름, 소금, 통깨 약간씩을 넣고 조물조물 무친다.

**tip** 데친 시금치는 물기를 꼭 짜세요.

뜨거운 밥에 소금 약간과 참기름 2를 넣어 고루 섞는다.

**tip** 굵은소금을 말려서 빻아 넣으세요.

김 위에 밥을 얇게 펴고 준비한 재료를 얹어 돌돌 말아 참기름을 바르고 통깨를 뿌린다.

**tip** 기운내 김밥은 썰지 않고 그대로 먹어요.

소풍 때 김밥을 싸가지고 갔다가 몇 개씩 남겨 와 저녁에 먹었던 추억이 한 번쯤 있으시죠? 저도 남은 김밥을 더 맛있게 먹었던 추억이 있어요. 아마 엄마가 만들어주셔서 그랬을 거예요. 시간이 지나도 맛있는 쇠고기 김밥은 친정엄마 레시피예요.

아솜표 김밥의 쿠킹 포인트는 반드시 솔을 이용해 참기름을 바르고 적당한 크기로 썰어 통깨를 솔솔 뿌리는 거예요. 통깨는 밥에 버무리는 것보다 뿌려 먹으면 더 맛있답니다.

친정엄마의 소풍 레시피

# 쇠고기 김밥

2~3인분
4줄

50분

### 주재료
밥 3공기+1/2공기,
다진 쇠고기 100g, 달걀 2개,
햄 50g, 게맛살 2줄, 당근 1/3개,
우엉 100g, 사각 어묵 1장,
시금치 80g,
소금·통깨·참기름 약간씩,
식용유 적당량, 김(김밥용) 6장,
깻잎 8장, 단무지(김밥용) 4줄,
참기름·통깨 약간씩

### 쇠고기 양념 재료
간장 1, 설탕 0.5,
다진 파 0.5, 다진 마늘 0.5,
참기름·후춧가루 약간씩

### 우엉·어묵 조림장 재료
들기름 1, 간장 1.5, 맛술 1.5,
설탕 1, 물 1/3컵

### 밥 양념 재료
소금 약간, 참기름 3

달걀은 잘 풀어서 소금으로 간하여 팬에 식용유를 두르고 지단을 부친다. 달걀지단, 햄, 게맛살은 적당한 두께로 썰고 당근과 우엉은 채 썰고 사각 어묵은 1.5cm 폭으로 썬다. 시금치는 끓는 물에 살짝 데쳐 물기를 꼭 짜서 소금, 통깨, 참기름을 약간씩 넣어 조물조물 무친다.

우엉은 식촛물에 담갔다가 헹궈 팬에 들기름 1을 두르고 간장 1.5, 맛술 1.5, 설탕 1, 물 1/3컵을 넣고 졸이다가 어묵을 살짝 데쳐 넣고 같이 졸인다.

팬에 식용유를 두르고 당근을 볶다가 햄과 게맛살을 볶는다.

쇠고기에 간장 1, 설탕 0.5, 다진 파 0.5, 다진 마늘 0.5, 참기름과 후춧가루 약간씩을 넣어 양념한 다음 달군 팬에 볶는다.

Tip 달군 팬에 볶아야 쇠고기에서 물이 생기지 않아요.

뜨거운 밥에 쇠고기볶음을 넣고 소금 약간, 참기름 3을 넣어 고루 섞는다.

김 위에 밥을 얇게 펴고 김 1/2장과 깻잎 2장을 얹고 재료를 올린 다음 돌돌 만다. 참기름을 바르고 먹기 좋은 크기로 썰어 통깨를 뿌린다.

김밥을 잘 먹는 아이라도 같은 김밥을 만들어주면 질려할 때가 있어요. 그럴 때는 별식으로 무장아찌와 먹는 달걀말이 김밥을 만들어주곤 해요. 칼칼한 무장아찌가 자칫 느끼할 수 있는 김밥의 맛을 깔끔하게 만들거든요. 우리 둘째가 소풍갈 때 꼭 싸달라며 엄지손가락 치켜드는 김밥이에요.

그냥 김밥이 그냥 싫을 때

# 달걀말이 김밥

**2~3인분** 6줄 · **40분**

● **주재료**
밥 2공기, 무 800g(무말랭이 50g),
시금치 30g, 참기름 2,
단무지(김밥용) 2줄,
옛날 소시지 40g, 달걀 6개,
소금·통깨·참기름 약간씩,
식용유 적당량, 김(김밥용) 3장

● **무장아찌 1차 양념 재료**
간장 3.5, 조선간장 0.5

● **무장아찌 2차 양념 재료**
고춧가루 1.5, 물엿 1.5,
황설탕 0.5,
초피액젓 0.5, 참치진국 0.5,
다진 파 1, 참기름 0.5,
다진 마늘·다진 생강·통깨 약간씩

● **대체 식재료**
무 ▶ 무말랭이
초피액젓 ▶ 까나리액젓

무는 0.5cm 두께로 썰어 말려 미지근한 물에 30분 정도 불려 물을 두세 번 갈아주며 바락바락 주물러 씻는다. 무의 물기를 꼭 짜고 간장 3.5, 조선간장 0.5를 넣어 7시간 정도 절인다.

tip 말릴 시간이 없다면 무말랭이 50g을 불려 0.5cm 폭으로 채 썰어 사용하세요.

절인 무를 꼭 짜서 고춧가루 1.5, 물엿 1.5, 황설탕 0.5, 초피액젓 0.5, 참치진국 0.5, 다진 파 1, 참기름 0.5, 다진 마늘, 다진 생강, 통깨 약간씩을 넣고 무친다.

시금치는 끓는 물에 소금을 넣고 살짝 데쳐 찬물에 헹구어 물기를 꼭 짜서 소금, 통깨, 참기름 약간씩을 넣어 조물조물 무친다.

따끈한 밥에 참기름 2를 넣어 고루 섞는다.

tip 무장아찌에 간이 되어 있어 밥에 따로 소금 간을 하지 않아도 돼요.

단무지, 옛날 소시지는 쇠 젓가락 굵기로 썰어 팬에 식용유를 약간만 두르고 옛날 소시지만 볶는다. 김은 반으로 잘라 밥을 얇게 펴고 김밥 재료를 올려 돌돌 만다.

달걀은 잘 풀어 팬에 식용유를 두르고 달걀 지단을 얇게 부친다. 김밥을 얹고 돌돌 말아 달걀이 익으면 한 김 식혀 한입 크기로 썬다.

tip 달걀물이 익기 전에 김밥을 올리고 말아야 잘 말려요. 달걀 1개에 김밥을 1개씩 말면 돼요.

바쁜 아침 착한 메뉴

# 한입 김밥

냉장고에 자투리 채소가 남았을
때 만들어요. 잠자기 전에 모든
재료를 볶아놓고 아침에 일어나
전자레인지에 데워 만들면 5분도
안 걸려요.

**2~3인분**
6줄

**30분**

 **주재료**
밥 2공기, 양파 1/2개, 당근 1/4개,
피망 1/2개, 우엉 40g, 스팸 100g,
식초·식용유 적당량씩,
소금·후춧가루 약간씩,
김(김밥용) 3장, 참기름·통깨 약간씩

**밥 양념 재료**
소금 약간, 참기름 2

양파, 당근, 피망, 우
엉, 스팸은 잘게 다
지고 우엉은 식촛물
에 10분 정도 담갔
다가 물에 헹군다.

팬에 식용유를 약간
두르고 다진 양파,
당근, 피망, 우엉, 스
팸을 볶다가 소금과
후춧가루로 간한다.

따끈한 밥에 볶은
재료와 소금 약간,
참기름 2를 넣어 고
루 섞는다.

김은 반으로 자르고
김 위에 밥을 4분의
3까지 펴고 돌돌 말
아 솔을 이용해 참
기름을 바른 다음
먹기 좋은 크기로
썰고 통깨를 뿌린다.

자꾸 손이 가는
# 마약 김밥

마약처럼 중독성이 강한 김밥이
에요. 들어간 것도 없는데 자꾸
손이 가서 마약 김밥인가 봐요.
앉은 자리에서 과식하게 되니 주
의하세요.

2~3인분
12줄

30분

### 🍚 주재료
밥 2공기, 당근 30g, 부추 30g,
단무지(김밥용) 3줄,
김(김밥용) 3장, 식용유 적당량,
소금·참기름·통깨 약간씩

### 🍚 양념장 재료
간장 1, 연겨자 0.3

### 🍚 밥 양념 재료
참치진국 0.5, 참기름 2,
소금 약간

당근은 채 썰고 부
추는 10cm 길이로
썰고 단무지와 김은
4등분하고 간장 1과
연겨자 03을 섞는다.

tip 양념장은 간장과 연겨
자의 비율을 3:1로 만
드세요.

따끈한 밥에 참치진
국 0.5, 참기름 2, 소
금 약간을 넣어 고
루 섞는다.

팬에 식용유를 두르
고 당근과 부추를
각각 볶다가 소금으
로 간한다.

김 위에 밥을 4분의
3까지 펴고 김밥 재
료를 올린 다음 돌
돌 만다. 솔로 참기
름을 바르고 먹기
좋은 크기로 썰어
통깨를 뿌리고 양념
장을 곁들인다.

마늘종을 넣은 치킨 김밥은 어른들이 좋아해요. 알싸하게 톡 쏘는 마늘종이 들어가 입맛을 돋우거든요. 김밥 재료로는 생각지 못했던 치킨과 마늘종이 사라진 입맛을 되살려요.

어른 김밥

# 치킨 김밥

2~3인분
4줄

40분

**● 주재료**
밥 3공기+1/2공기,
닭 가슴살 1조각(100g), 게맛살 2줄,
우엉 100g, 당근 80g, 무 80g,
마늘종 8대, 양상추 5장, 깻잎 8장,
식용유 적당량, 김(김밥용) 4장,
마요네즈 약간,
참기름·통깨 약간씩

**● 무절임 양념 재료**
물 5, 식초 3, 설탕 3, 소금 0.3

**● 닭 가슴살조림 재료**
간장 1, 맛술 1, 물 2, 설탕 0.5

**● 우엉조림 재료**
간장 1, 맛술 1, 물 2, 설탕 0.5

**● 밥 양념 재료**
소금 약간, 참기름 3

**● 대체 식재료**
닭 가슴살 ▶ 닭 안심

닭 가슴살은 손가락 굵기로 8쪽으로 썰고 게맛살은 2등분하고 우엉과 당근은 곱게 채 썰고 무는 얇게 저며 썰고 마늘종은 20cm 길이로 썰고 양상추와 깻잎은 깨끗이 씻는다.

무에 물 5, 식초 3, 설탕 3, 소금 0.3을 넣어 30분 정도 절인다.

팬에 식용유를 두르고 닭 가슴살을 굽다가 간장 1, 맛술 1, 물 2, 설탕 0.5를 넣고 조린다.

우엉은 식촛물에 담갔다가 헹궈 간장 1, 맛술 1, 물 2, 설탕 0.5를 넣고 조린다.

마늘종은 끓는 물에 살짝 데치고 게맛살과 당근은 팬에 식용유를 두르고 살짝 볶는다.

tip 마늘종은 오래 데치면 물러지니 아주 살짝만 데치세요.

따끈한 밥에 소금 약간과 참기름 3을 넣어 고루 섞어 김 위에 얇게 펴고 깻잎 2장을 얹고 닭 가슴살과 김밥 재료를 올리고 마요네즈를 뿌려서 돌돌 만다. 참기름을 바르고 먹기 좋은 크기로 썰어 통깨를 뿌린다.

고기를 워낙 좋아하는 식구들에게 '어떻게 하면 채소를 골고루 먹일까?' 하는 생각을 항상 해요.
햄이 빠진 김밥은 김밥이 아니라고 하니 고민하다가 두부를 바삭하게 구워 말았어요. 이웃에
사는 친구 현정이가 김밥에다 무슨 짓을 했냐며 맛있다고 칭찬한 김밥이에요.

고기 대신 두부

# 두부 김밥

2~3인분
4줄

30분

● **주재료**
밥 3공기+1/2공기,
두부 2/3모(200g), 우엉 150g,
당근 1개, 시금치 1/3단(100g),
단무지(김밥용) 4줄,
식용유 적당량,
소금·참기름·식초 약간씩,
들기름 1, 김(김밥용) 6장,
참기름·통깨 약간씩

● **두부·우엉 양념 재료**
간장 3, 맛술 3, 설탕 1.5, 물 1/3컵

● **밥 양념 재료**
소금 약간, 통깨 1, 참기름 3

● **대체 식재료**
시금치 ▶ 오이

두부는 2cm 두께로 썰고 우엉과 당근은 곱게 채 썰고 시금치는 깨끗이 씻고 단무지도 준비한다.

팬에 식용유를 두르고 채 썬 당근을 볶다가 소금으로 간한다. 시금치는 데쳐 물기를 꼭 짜서 참기름과 소금을 약간씩 넣어 조물조물 무친다.

채 썬 우엉은 식촛물에 30분 정도 담갔다가 찬물로 헹궈 물기를 빼고 팬에 들기름 1을 두르고 볶는다. 두부는 소금으로 간해서 물기를 제거하고 팬에 들기름을 넉넉히 두르고 튀기듯이 바삭하게 굽는다.

tip 두부는 튀기면 바삭해서 맛이 좋지만 다이어트 중이라면 구워서 싸세요.

냄비에 간장 3, 맛술 3, 설탕 1.5, 물 1/3컵, 두부, 우엉을 넣어 국물이 남지 않을 때까지 조린다.

tip 약한 불에서 조리다가 조림장이 반 정도 남으면 중간 불에서 뒤적이며 조려야 윤기가 나요.

따끈한 밥에 소금 약간, 통깨 1, 참기름 3을 넣고 고루 섞는다.

김 위에 밥을 얇게 펴고 김 1/2장을 얹고 조린 두부와 재료를 올린 후 돌돌 만다. 참기름을 바르고 먹기 좋은 크기로 썰어서 통깨를 뿌린다.

주말 별식이나 나들이 도시락으로 충무 김밥을 싸면 인기예요. 넉넉히 만들어 이웃들과 나눠 먹어도 좋아요. 멸치 육수에 송송 썬 파와 후춧가루를 넣어 함께 먹으면 맛집에서 먹는 충무 김밥이 부럽지 않답니다.

맛 집 처 럼  맛 있 게

# 충무 김밥

RECIPE

2~3인분
6줄

40분

### 주재료
밥 2공기, 무 500g, 오징어 2마리,
김(김밥용) 3장

### 무절임 재료
설탕 1, 식초 1, 까나리액젓 1,
소금 0.5

### 무무침 재료
마른 고추 3개, 고춧가루 0.5,
다진 마늘 0.5, 다진 파 1,
새우젓 0.5, 까나리액젓 1,
참치진국 0.3, 설탕 0.5,
생강즙 약간, 찹쌀풀 1, 통깨 0.3

### 오징어무침 재료
마른 고추 3개, 고춧가루 0.5,
간장 0.5, 설탕 0.5, 까나리액젓 1,
참기름 0.5, 깻가루 0.3

### 대체 식재료
오징어 ▶ 반건조 오징어

**PETIT COOKING CLASS**

오징어와 무무침 재료는 두 번
정도 먹을 양이에요. 반건조
오징어로 만들 때는 너무 마르지
않은 것으로 준비하세요.

무는 한입 크기로 썰어 설
탕 1, 식초 1, 까나리액젓 1,
소금 0.5를 넣어 6시간 정도
절인 다음 물기가 빠지도록
4~5시간 체에 밭친다.

tip 물기를 빼야 꼬들꼬들하니 맛있
어요.

마른 고추 6개는 물에 불려
믹서에 간다.

믹서에 간 마른 고추의 절반
에 고춧가루 0.5, 다진 마늘
0.5, 다진 파 1, 새우젓 0.5,
까나리액젓 1, 참치진국 0.3,
설탕 0.5, 생강즙 약간, 찹쌀
풀 1, 통깨 0.3을 섞고 절인
무을 넣어 버무린다.

오징어는 껍질을 벗겨 깨끗
이 씻어 식품 건조기에 1~1
시간 30분 정도 말린 다음
살짝 데쳐 먹기 좋은 크기
로 썬다.

tip 오징어는 결 반대 방향으로 썰어
야 부드러워요. 식품 건조기가
없으면 반건조 오징어를 사용하
면 돼요.

남은 간 마른 고추에 고춧가
루 0.5, 간장 0.5, 설탕 0.5, 까
나리액젓 1, 참기름 0.5, 깻가
루 0.3을 섞고 오징어를 넣
어 버무린다.

김은 반으로 잘라 밥을 3분
의 2까지 얇게 펴고 돌돌 말
아 4등분하여 밥, 무무침, 오
징어무침을 곁들인다.

부산 여행 때 먹었던 청양고추를 넣은 땡초 김밥은 들어가는 재료도 간단하고 맛도 좋아서 자주 만들어 먹어요. 매운맛을 제대로 보여주는 땡초 김밥을 먹다 보면 꼼짝하지 않던 스트레스도 훨훨 날아간답니다.

매운 김밥은 없나요

# 땡초 김밥

**2~3인분**
4줄

**40분**

● **주재료**
밥 3공기+1/2공기,
사각 어묵 4장(210g),
청양고추 8개, 게맛살 2줄,
깻잎 8장, 단무지(김밥용) 4줄,
김(김밥용) 4장,
통깨·참기름 약간씩

● **밥 양념 재료**
소금 약간, 참기름 3

● **어묵 양념 재료**
간장 0.5, 고추장 0.1, 맛술 0.5,
물엿 0.3, 참치진국 0.5,
고춧가루 0.3, 후춧가루 약간

사각 어묵은 끓는 물에 살짝 데쳐 체에 밭쳐 물기를 뺀다.

tip 사각 어묵은 최대한 얇은 것으로 만들어야 씹을 때 식감이 좋아요.

볼에 간장 0.5, 고추장 0.1, 맛술 0.5, 물엿 0.3, 참치진국 0.5, 고춧가루 0.3, 후춧가루 약간을 고루 섞어 사각 어묵을 넣어 버무린다.

청양고추는 길이로 반 갈라 숟가락으로 씨를 제거해서 길이로 3등분하고 게맛살은 2등분하고 깻잎은 깨끗이 씻고 단무지도 준비한다.

tip 청양고추는 취향껏 가감하세요.

따끈한 밥에 소금 약간과 참기름 3을 넣어 고루 섞는다.

김에 밥을 얇게 펴고 깻잎 2장을 얹고 양념한 어묵, 청양고추, 게맛살, 단무지를 올리고 돌돌 만다.

tip 어묵 1장이 통째로 들어가니 어묵을 3번 정도 돌려 말아 넣어야 모양이 예뻐요..

김밥에 솔을 이용해 참기름을 바르고 먹기 좋은 크기로 썰어서 통깨를 뿌린다.

가끔 컨디션이 좋지 않고 밥하기 귀찮을 때 만드는 초간단 끼니예요. 채소 대신 짭조름하게 조린 어묵만 있어도 맛있는 김밥을 말 수 있어요. 15년 전쯤부터 즐겨 먹던 김밥이라 그런지 우리 남편은 어묵 꼬마 김밥을 자주 안 해주면 한 번씩 생각난다고 하네요. 아내가 귀찮아 궁리해낸 김밥인 줄도 모르고 말이죠~

가 벼 운 한 끼

# 어묵 꼬마 김밥

**2~3인분**
16줄

**30분**

● **주재료**
밥 2공기, 사각 어묵 3장(200g),
김(김밥용) 4장, 통깨 약간

● **어묵 양념 재료**
간장 2, 조선간장 1, 물엿 2,
고춧가루 1.5, 참치진국 1, 맛술 1,
식용유 1, 다진 마늘 1, 다진 파 1,
참기름 1, 통깨 1

● **밥 양념 재료**
소금 약간, 참기름 2

사각 어묵은 끓는 물에 데
쳐 체에 밭쳐 물기를 뺀다.

**tip** 어묵을 너무 데치면 퍼지니 살짝
만 데치세요.

데친 어묵은 1.5cm 폭으로
썬다.

팬에 간장 2, 조선간장 1,
물엿 2, 고춧가루 1.5, 참치
진국 1, 맛술 1, 식용유 1,
다진 마늘 1, 다진 파 1을
넣어 끓인다.

양념이 끓기 시작하면 어묵
을 넣어 볶다가 참기름 1과
통깨 1을 넣어 버무린다.

따끈한 밥에 소금 약간과 참
기름 2를 넣어 고루 섞는다.

김은 가위로 4등분하여 밥
을 얇게 펴고 양념한 어묵을
2~3개 올린 다음 돌돌 말아
통깨를 뿌린다.

**tip** 아이들은 매울 수 있으니 양념한
어묵을 1개만 넣으세요.

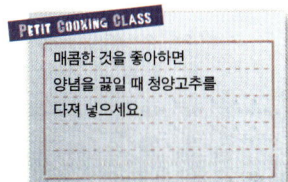

**PETIT COOKING CLASS**

매콤한 것을 좋아하면
양념을 끓일 때 청양고추를
다져 넣으세요.

소풍 가는 날이면 잠꾸러기 공주였던 저는 누가 깨우지 않아도 새벽에 일어났어요. 김밥 싸는 엄마 옆에서 방글방글 웃으며 엄마가 잘라주는 김밥 꽁지를 먹으려고요. 지금도 김밥보다는 김밥 꽁지를 더 좋아해요.

이거 먹으려 김밥 싸요

# 꽁지 김밥

**2~3**인분
18줄

**30**분

● **주재료**
밥 2공기, 달걀 2개, 소금 약간,
식용유 적당량, 햄 150g,
크래미 맛살 8줄,
단무지(김밥용) 12줄, 당근 1개,
시금치 120g, 김(김밥용) 6장

● **시금치 양념 재료**
소금·참기름·통깨 약간씩

● **밥 양념 재료**
소금 약간, 참기름 2

달걀은 잘 풀어서 소금으로 간하고 팬에 식용유를 두르고 지단을 부친다.

**tip** 팬을 충분히 달궈 달걀물을 부어야 팬에 눌어붙지 않아요.

달걀지단과 햄은 1cm 두께로 썰고 크래미 맛살은 3등분하고 단무지는 2등분하고 당근은 채 썬다. 시금치는 끓는 물에 데쳐 물기를 꼭 짜서 소금, 참기름, 통깨를 약간씩 넣어 조물조물 무친다.

**tip** 소 재료는 24개로 준비하세요.

김은 3등분한다.

팬에 식용유를 약간 두르고 햄과 크래미 맛살을 볶은 다음 당근도 볶는다.

따끈한 밥에 소금 약간과 참기름 2를 넣어 고루 섞는다.

김에 밥을 얇게 펴고 준비한 재료를 올린 다음 돌돌 말아 참기름을 바르고 반으로 썰어 통깨를 뿌린다.

**PETIT COOKING CLASS**

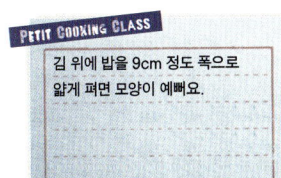

김 위에 밥을 9cm 정도 폭으로 얇게 펴면 모양이 예뻐요.

멸치를 매콤하게 볶아서 넣으면 입맛이 확 살아나요. 식구들은 멸치볶음을 잘 먹지 않으려 하는데 신기하게도 멸추 김밥은 아주 잘 먹어요. 씹는 맛도 좋고 매콤해서 스트레스가 사라지기 때문이라고 혼자 추측해봐요.

# 멸추 김밥

RECIPE

**2~3**인분
4줄

**40**분

### ● 주재료
밥 3공기+1/2공기, 달걀 2개,
우엉 100g, 당근 1/3개,
게맛살 2줄, 오이 1/4개,
사각 어묵 1장, 식용유 적당량,
소금·식초·통깨 약간씩, 깻잎 8장,
식용유 적당량, 김(김밥용) 6장,
참기름·통깨 약간씩

### ● 멸추볶음 재료
식용유 1, 다진 마늘 0.5, 고추장 1,
설탕 1, 물엿 2, 청주 2, 맛술 1,
잔멸치 1컵, 다진 청양고추 8개분,
통깨 1, 참기름 1

### ● 우엉·어묵 조림장 재료
들기름 1, 간장 1.5, 맛술 1.5,
설탕 1, 물 1/3컵

### ● 밥 양념 재료
소금 약간, 참기름 3

달걀은 잘 풀어서 팬에 식용유를 두르고 두툼하게 지단을 부친다.

**tip** 달걀에 소주를 2~3방울 넣으면 달걀의 비린 맛을 없앨 수 있어요. 또 작은 팬에 부쳐야 두툼하게 부칠 수 있어요.

팬에 식용유 1을 두르고 다진 마늘 0.5, 고추장 1, 설탕 1, 물엿 2, 청주 2, 맛술 1을 넣고 끓으면 잔멸치와 다진 청양고추를 넣어 볶다가 불을 끄고 통깨 1, 참기름 1을 넣고 버무린다.

우엉과 당근은 얇게 채 썰고 게맛살과 오이, 사각 어묵은 1.5~2cm 두께로 썬다.

당근과 게맛살은 팬에 살짝 볶고 오이는 소금에 살짝 절인다.

채 썬 우엉은 식촛물에 담갔다가 물에 한 번 헹궈 팬에 들기름 1을 두르고 볶다가 투명해지면 간장 1.5, 맛술 1.5, 설탕 1, 물 1/3컵을 넣고 졸이다가 어묵을 넣고 졸인다.

따끈한 밥에 소금 약간과 참기름 3을 넣어 고루 섞는다. 김에 밥을 얇게 펴고 김 1/2장과 깻잎 2장을 얹고 멸치볶음과 준비한 재료를 올리고 돌돌 말아 참기름을 바르고 먹기 좋은 크기로 썰어 통깨를 뿌린다.

**tip** 김 1/2장을 밥 위에 얹고 김밥을 만들면 재료의 물기가 밥에 스며들지 않아요.

김밥을 만든다고 하면 남편은 김치 김밥이 먹고 싶다고 하고, 큰아이는 참치 김밥을 주문하고
막내는 치즈 김밥을 싸달라 해요. 저는 쇠고기 김밥이 먹고 싶은데요 식구라 해도 입맛이 이렇
게 다르니, 모두의 입맛을 맞추려면 누드 모둠 김밥이 답이에요.

김밥 종합 선물 세트

# 누드 모둠 김밥

2~3인분
4줄

50분

### ● 주재료
밥 3공기+1/2공기, 달걀 2개,
식용유 적당량, 햄 50g,
게맛살 2줄, 당근 1/3개,
우엉 100g,
사각 어묵 1장, 오이 1/3개,
소금·식초·통깨 약간씩,
깻잎 8장,
단무지(김밥용) 4줄,
김(김밥용) 4장

### ● 소 재료
다진 쇠고기 50g,
다진 파·다진 마늘 약간씩,
간장 0.5, 설탕 0.3,
후춧가루·참기름 약간씩,
배추김치 2장, 치즈 2장, 유부 2장,
참치(통조림) 1/4통, 마요네즈 약간

### ● 우엉·어묵·유부 조림장 재료
들기름 1, 간장 1.5, 맛술 1.5,
설탕 1, 물 1/3컵

### ● 밥 양념 재료
소금 약간, 참기름 3

쇠고기에 다진 파와 다진
마늘 약간씩, 간장 0.5, 설탕
0.3, 후춧가루와 참기름 약
간씩으로 양념하여 팬을 달
구어 볶는다. 배추김치는 소
를 털어내고 참기름을 약간
넣어 양념하고 치즈와 유부
는 2등분한다.

달걀은 잘 풀어서 팬에 식용
유를 두르고 두툼하게 지단
을 부치고 1cm 두께로 썬다.
햄과 게맛살도 지단 두께로
썰고 당근과 우엉은 채 썰고
사각 어묵은 1.5cm 폭으로
썬다. 오이는 길이대로 썰어
소금을 뿌려 살짝 절여 물기
를 꼭 짠다.

tip 깻잎은 씻어서 물기를 빼세요.

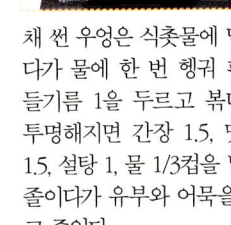

채 썬 우엉은 식촛물에 담갔
다가 물에 한 번 헹궈 팬에
들기름 1을 두르고 볶다가
투명해지면 간장 1.5, 맛술
1.5, 설탕 1, 물 1/3컵을 넣고
졸이다가 유부와 어묵을 넣
고 졸인다.

tip 유부와 어묵은 물에 살짝 데치면
기름지지 않아요.

팬에 식용유를 두르고 당근
을 볶다가 게맛살과 햄을 볶
는다.

따끈한 밥에 소금 약간과 참
기름 3을 넣어 고루 섞고 김
발에 랩을 깔고 김을 얹고
밥을 얇게 편다.

밥을 편 김을 뒤집어 깻잎 2
장을 올리고 유부, 배추김
치, 쇠고기, 참치와 마요네즈,
치즈 순으로 올리고 나머지
김밥 소 재료를 올리고 돌돌
말아 먹기 좋은 크기로 썬다.

tip 마지막에 통깨를 뿌리세요.

이 김밥은 20년지기 친구 정애가 가르쳐주었어요. 새싹을 넣으면 맛있다고 해서 만들었는데 역시 맛있더군요. 제가 블로그를 하면서 친구들이 이것도 맛있으니 만들어보라고 가르쳐주고, 맛집도 많이 알려줘요. 항상 옆에서 응원해주는 친구들이 있어서 참 행복해요.

RECIPE

# 김치 새싹채소 김밥

**2~3인분**
4줄

**50분**

### ◆ 주재료
밥 3공기+1/2공기, 달걀 2개,
식용유 적당량, 햄 50g, 게맛살 2줄,
당근 1/3개, 우엉 100g,
사각 어묵 1장, 오이 1/3개,
깻잎 8장, 새싹채소 40g,
참치(통조림) 1/2통,
배추김치 5~6장, 들기름 2,
단무지(김밥용) 4줄, 김(김밥용) 6장,
참기름 적당량, 소금·통깨 약간씩

### ◆ 우엉·어묵 조림장 재료
들기름 1, 간장 1.5, 맛술 1.5,
설탕 1, 물 1/3컵

### ◆ 참치 양념 재료
다진 오이 피클 2, 마요네즈 1,
머스터드 약간

### ◆ 밥 양념 재료
소금 약간, 참기름 3

달걀은 풀어 팬에 식용유를
두르고 두툼하게 지단을 부
쳐 1cm 두께로 썬다. 햄과
게맛살도 지단 두께로 썰고
당근과 우엉은 채 썰고 사
각 어묵은 1.5cm 폭으로 썬
다. 오이는 길이대로 썰어 소
금에 살짝 절여 물기를 짜고
깻잎과 새싹채소는 씻어 준
비한다.

우엉은 식촛물에 담갔다가
물에 헹궈 팬에 들기름 1을
두르고 간장 1.5, 맛술 1.5,
설탕 1, 물 1/3컵을 넣고 졸
이다가 어묵을 데쳐 넣고 졸
인다.

**tip** 우엉은 약한 불에서 졸이다가 조
림장이 반 정도 남았을 때 센 불
로 저어가며 볶으면 윤기도 흐르
고 간이 잘 배요.

팬에 식용유를 두르고 당근
을 볶다가 햄과 게맛살을 볶
는다.

참치는 체에 밭쳐 기름기를
빼서 다진 오이 피클 2, 마요
네즈 1, 머스터드 약간을 넣
어 버무린다.

배추김치는 소를 털어내고
물기를 꼭 짜서 팬에 들기름
2를 두르고 볶는다.

따끈한 밥에 소금 약간과
참기름 3을 넣어 고루 섞어
김에 얇게 펴고 2등분한 김
1장과 깻잎 2장을 얹고 김치
와 준비한 재료를 올린 다음
돌돌 만다. 참기름을 바르고
먹기 좋은 크기로 썰어 통깨
를 뿌린다.

**15** / Chapter 1
김밥과 주먹밥 30

알뜰한 엄마 요리

# 돈가스 김밥

아이들이 돈가스를 좋아하지만 가끔 한두 개씩 남길 때가 있어요. 다음 끼니때 데워주면 잘 안 먹어서 전자레인지에 살짝 데워서 돈가스 김밥을 만들었더니 잘 먹어요.

2~3인분
12줄

40분

● **주재료**
밥 2공기, 돼지고기 등심 150g,
양파 1/2개, 오이 피클 2개,
김(김밥용) 3장,
소금·후춧가루 약간씩,
식용유 적당량,
돈가스 소스·마요네즈 약간씩

● **밥 양념 재료**
소금·참기름 약간씩

● **튀김옷 재료**
달걀 1개, 밀가루·빵가루 적당량씩

돼지고기는 1.5cm 두께로 썰고 양파는 채 썰고 오이 피클은 저며 썰고 김은 4등분한다.

따끈한 밥에 소금과 참기름을 약간씩 넣어 고루 섞는다.

돼지고기는 두드려 조직을 연하게 하여 소금과 후춧가루로 밑간한다. 달걀을 잘 풀어 밀가루, 달걀, 빵가루 순으로 튀김옷을 입혀 노릇하게 튀긴다.

tip 시판용 돈가스를 이용하면 간편해요.

김 위에 밥을 4분의 3 정도 펴고 돈가스 소스와 마요네즈를 뿌리고 양파, 오이 피클, 돈가스 순으로 올려 돌돌 만다.

tip 돈가스 소스와 마요네즈를 재료 위에 뿌리면 김밥을 말 때 지저분해요.

**16** / Chapter 1
김밥과 주먹밥 30

아 삭 아 삭  씹 히 는

# 샐러드 김밥

입맛이 없으시다고요? 식상한 김
밥은 사절이라고요? 그렇다면 아
삭하게 씹히는 맛이 별미인 샐러
드 김밥을 드세요.

**2~3**인분
4줄

**30**분

● **주재료**
밥 3공기+1/2공기, 게맛살 2줄,
당근 1/5개, 오이 1/2개,
양상추 5장, 단무지(김밥용) 4줄,
김(김밥용) 6장,
참기름·통깨 약간씩

● **샐러드 드레싱 재료**
마요네즈 4, 식초 1, 설탕 1,
소금 약간

● **밥 양념 재료**
소금 약간, 참기름 3

게맛살은 2등분하
고 당근과 오이는
얇게 채 썬다. 양상
추는 깨끗이 씻어
체에 밭쳐 적당한
크기로 찢어 물기를
빼고 단무지 4줄도
준비한다.

물기를 뺀 양상추에
마요네즈 4, 식초 1,
설탕 1, 소금 약간을
넣어 버무린다.
tip 양상추에 물기가 있
으면 드레싱 재료와
겉돌아요.

따끈한 밥에 소금
약간과 참기름 3을
넣어 고루 섞는다.

김에 밥을 얇게 펴
고 김 1/2장을 얹고
양상추 샐러드와 준
비한 재료를 올린
다음 돌돌 만다. 참
기름을 바르고 먹기
좋은 크기로 썰어
통깨를 뿌린다.

"아! 매워!" 소리가 절로 나고 물을 한 통이나 먹을지언정 계속 먹게 되는 오징어 김밥이에요. 절대 아이들은 못 먹고 스트레스 많이 쌓인 어른들이 먹어야 해요. 스트레스가 뻥 뚫릴 정도로 맛있는 오징어 김밥은 마약 김밥 버금가는 맛난 김밥이에요.

입 에 서 불 나 는
# 오징어 김밥

**2~3**인분
8줄

**30**분

### 주재료
밥 2공기, 반건조 오징어 1마리,
오이 1/4개, 김(김밥용) 5장,
참기름·통깨 약간씩

### 오징어 양념 재료
고추장 1, 고춧가루 1, 간장 0.5,
캡사이신 0.5, 참치진국 1, 맛술 1.
설탕 1, 물엿 0.5

### 밥 양념 재료
소금·참기름 약간씩

반건조 오징어는 껍질을 벗겨 끓는 물에 살짝 데친다.

반건조 오징어와 오이는 0.5cm 폭으로 썬다.

팬에 고추장 1, 고춧가루 1,
간장 0.5, 캡사이신 0.5, 참치
진국 1, 맛술 1, 설탕 1, 물엿
0.5를 넣고 끓이다가 불을
끄고 반건조 오징어를 넣고
버무린다.

tip 캡사이신은 취향껏 조절하세요.

따끈한 밥에 소금과 참기름을 약간씩 넣어 고루 섞는다.

김 4장은 2등분하고 1장은 5
등분하고 2등분한 김에 밥을
얇게 펴고 오징어를 올린다.

5등분한 김 1장을 얹고 오이
를 올려 돌돌 말아 참기름을
바르고 먹기 좋은 크기로 썬
다음 통깨를 뿌린다.

tip 오징어를 올린 다음 김을 얹고 말
면 오징어 양념이 지저분하게 손
에 묻지 않아요.

봄에 꼭 만들어 먹는 김밥이에요. 향긋한 냉이를 김밥에 넣으면 전혀 느끼하지 않고 향긋한 냉이의 향에 취해 손과 입이 바빠져요. 아이들이 먹을 때에는 냉이에 소금, 깨소금, 참기름으로 양념해주세요.

향긋한 향에 취하는 봄 김밥

# 냉이 김밥

**2~3인분**
4줄

**50분**

### 주재료
밥 3공기+1/2공기, 냉이 150g,
달걀 2개, 햄 50g, 게맛살 2줄,
당근 1/3개(80g), 우엉 100g,
사각 어묵 1장, 단무지(김밥용) 4줄,
식용유 적당량, 김(김밥용) 6장,
식초·소금·통깨 약간씩

### 냉이 양념 재료
고추장 0.3, 고춧가루 0.3,
설탕 0.3, 참기름 0.5, 통깨 0.5,
다진 마늘 0.3, 다진 파 0.5

### 우엉·어묵 조림장 재료
들기름 1, 간장 1.5, 맛술 1.5,
설탕 1, 물 1/3컵

### 밥 양념 재료
소금 약간, 참기름 3

냉이는 깨끗이 씻어 끓는 물에 살짝 데쳐 고추장 0.3, 고춧가루 0.3, 설탕 0.3, 참기름 0.5, 통깨 0.5, 다진 마늘 0.3, 다진 파 0.5를 넣어 조물조물 무친다.

**tip** 아이들이 먹을 때에는 냉이에 소금, 깨소금, 참기름만 넣어 무치세요.

달걀은 잘 풀어 팬에 식용유를 두르고 두툼하게 지단을 부쳐 1cm 두께로 썬다. 햄과 게맛살도 지단 두께로 썰고 당근과 우엉은 채 썰고 사각 어묵은 1.5cm 폭으로 썬다.

채 썬 우엉은 식촛물에 담갔다가 물에 헹궈 팬에 들기름 1을 두르고 간장 1.5, 맛술 1.5, 설탕 1, 물 1/3컵을 넣고 졸이다가 어묵을 살짝 데쳐 넣고 졸인다.

팬에 식용유를 두르고 당근을 볶다가 햄과 게맛살을 볶는다.

따끈한 밥에 소금 약간과 참기름 3을 넣어 고루 섞는다.

김에 밥을 얇게 펴고 김 1/2장을 얹고 양념한 냉이와 준비한 재료를 올리고 돌돌 만다. 참기름을 바르고 먹기 좋은 크기로 썰어 통깨를 뿌린다.

이 김밥은 결혼하기 전에 친구가 만들어주었어요. 만드는 사람에 따라 각기 다른 맛이 나는 셀프 LA 김밥의 매력에 푹 빠졌었지요. 처음 먹었을 때 너무 맛있게 먹어 지금도 그 맛을 잊지 못해 종종 만들어요.

각자 만들어 먹는 기쁨

# 셀프 LA 김밥

( 2~3인분 16줄 ) ( 20분 )

**주재료**
밥 2공기, 달걀 2개, 소금 약간,
식용유 적당량, 햄 60g, 당근 30g,
오이 1/5개, 단무지(김밥용) 3줄,
크래미 맛살 3줄, 김(김밥용) 6장

**겨자장 재료**
간장 2, 연겨자 0.3

**밥 양념 재료**
소금 약간, 참기름 2

**대체 식재료**
당근 ▶ 파프리카

달걀은 잘 풀어 소금으로
간해서 팬에 식용유를 두르
고 지단을 부친다.

지단, 햄, 당근, 오이, 단무지
는 곱게 채 썰고 크래미 맛
살은 얇게 찢고 간장 2와 연
겨자 0.3을 섞어 겨자장을
만든다.

tip 셀프 LA 김밥에 들어가는 재료
는 정석이 없어요. 좋아하는 재
료로 만드세요.

팬에 식용유를 약간 두르고
채 썬 햄을 볶는다.

따끈한 밥에 소금 약간과 참
기름 2를 넣어 고루 섞는다.

김밥용 김은 4등분한다.

김에 밥과 재료를 취향껏
올려 돌돌 말아 겨자장에
찍어 먹는다.

캘리포니아롤을 처음 먹었을 때 '이런 김밥도 있구나!' 감동했어요. 그냥 김밥과는 차원이 다른
화려함과 톡톡 씹히는 날치알 맛에 김밥의 신대륙을 발견한 기분이었지요. 질릴 때까지 먹어도
또 먹고 싶은 김밥이에요.

말고 또 말고, 먹고 또 먹고

# 캘리포니아롤

2~3인분
4줄

40분

● **주재료**
밥 3공기+1/2공기, 달걀 2개,
소금 약간, 식용유 적당량,
아보카도 1개, 오이 1/2개,
크래미 맛살 6줄,
단무지(김밥용) 4줄, 깻잎 8장,
김(김밥용) 4장, 날치알 1컵+1/2컵

● **배합초 재료**
식초 3, 설탕 2, 물 1, 소금 0.3

● **겨자장 재료**
간장 2, 연겨자 0.3

● **대체 식재료**
크래미 맛살 ▶ 훈제 연어

달걀은 잘 풀어 소금으로
간해 팬에 식용유를 두르고
지단을 부친다.

지단은 5cm 폭으로 썰고
아보카도와 오이는 채 썰고
크래미 맛살은 2등분하고
단무지와 깻잎을 준비한다.

볼에 식초 3, 설탕 2, 물 1,
소금 0.3을 넣고 전자레인지
에 1분 정도 데워 녹을 때까
지 잘 저어 따끈한 밥에 넣어
고루 섞는다.

간장 1과 연겨자 0.3을 섞어
겨자장을 만든다.

김발에 랩을 감싸고 김을
올린 후 양념한 밥을 얇게
펴고 날치알을 고루 얹는다.
**tip** 날치알은 레몬즙을 약간 뿌려 체
에 밭쳐 물기를 빼세요.

김을 뒤집어 깻잎 2장을 올
리고 아보카도, 오이, 크래미
맛살, 단무지, 지단을 올려
돌돌 말아 먹기 좋은 크기
로 썰어 겨자장을 곁들인다.
**tip** 랩으로 싸지 않으면 김발에 밥이
달라붙어요.

아보카도는 과일의 버터라고 할 만큼 고소한 맛이 나지요. 아보카도를 롤에 넣으면 다른 재료들과
잘 어우러져 더 맛있어요. 아보카도 김밥에 가츠오부시를 듬뿍 뿌려 먹으면 짭조름한 맛이 나는
별미 김밥이 등장해요.

아보카도와 가다랑어포 커플

# 가츠오부시 롤

**2~3인분**
4줄

**30분**

● **주재료**
밥 3공기+1/2공기, 아보카도 1개,
오이 1/2개, 크래미 맛살 6줄,
날치알 1컵+1/2컵, 김(김밥용) 4장,
후리가케 약간, 가츠오부시 2줌

● **고추냉이 마요네즈 재료**
고추냉이 0.5, 마요네즈 2

● **배합초 재료**
식초 3, 설탕 2, 물 1, 소금 0.3

● **대체 식재료**
와사비 ▶ 칠리소스

아보카도와 오이는 채 썰고
크래미 맛살은 2등분한다.

고추냉이 0.5와 마요네즈 2
를 섞어 고추냉이 마요네즈
를 만든다.

tip 약간 매콤한 맛을 원하면 칠리소
스를 넣으세요.

볼에 식초 3, 설탕 2, 물 1,
소금 0.3을 넣고 전자레인지
에서 1분 정도 데워 설탕이
녹을 때까지 잘 저어 따끈
한 밥에 넣어 고루 섞는다.

김발을 랩으로 감싸고 김을
얹은 다음 밥을 얇게 편다.

tip 랩을 감싸지 않으면 김발에 밥이
달라붙어요.

밥 위에 날치알을 올려 얇게
편다.

tip 날치알에 레몬즙을 약간 뿌려 체
에 밭쳐 물기를 빼세요.

김밥을 뒤집어 크래미 맛살,
아보카도, 오이를 얹고 고추
냉이 마요네즈를 뿌리고 돌
돌 말아 먹기 좋은 크기로
썰고 후리가케와 가츠오부
시를 뿌린다.

tip 고추냉이 마요네즈를 뿌리고 후
리가케와 가츠오부시를 뿌리면
더 먹음직스러워요.

모양이 재미있는 새우 주먹밥은 아이들의 호기심을 자극해 밥을 먹게 하는 기특한 주먹밥이에요. 하나 맛보면 또 손이 가는 맛의 주인공은 담백하면서도 고소한 새우예요.

밥 안 먹는 아이에게는

# 새우 주먹밥

**2~3인분**　　**30분**

● **주재료**
밥 2공기, 화이트 새우 8마리,
허브 솔트 약간, 버터 적당량

● **밥 양념 재료**
오이 30g, 압축 단무지 9쪽,
통깨 1, 참기름 2, 소금 약간

오이와 압축 단무지는 잘게
다진다.

tip 압축 단무지는 쫄깃쫄깃해 주먹
　　밥에 넣으면 더 맛있어요.

화이트 새우는 이쑤시개를
이용하여 등 쪽의 내장을
제거하고 껍질을 벗긴다.

껍질을 제거한 화이트 새우
는 허브 솔트로 밑간한다.

팬에 버터를 약간 두르고 밑
간한 새우를 굽는다.

tip 새우는 살짝 데쳐도 돼요.

따끈한 밥에 다진 오이와 단
무지, 통깨 1, 참기름 2, 소금
을 넣어 고루 섞는다.

밥 한 줌을 잡아 넓게 펴고
구운 화이트 새우 1마리를
넣어 동그랗게 모양을 만든다.

맛은 좋아

# 못난이 주먹밥

아이들 학교 보낼 때 한 숟가락이 라도 더 먹여 보내려고 밥그릇과 수저를 들고 아이들 뒤를 졸졸 따 라 다닙니다. 그래서 밥보다는 간단 한 주먹밥을 자주 만들게 되는데요. 친정엄마가 저 키울 때, 아니 지금 도 저만 보면 밥을 한 수저 떠서 먹 이려고 하시네요. 제가 엄마가 되었 어도 친정엄마 눈에는 아직도 어린 자식인가 봅니다.

**2~3인분**  **20분**

● **주재료**
밥 2공기, 다진 쇠고기 100g,
조미 김가루 적당량

● **쇠고기 양념 재료**
간장 1, 설탕 1, 다진 파 0.5,
다진 마늘 0.5, 참기름 0.5,
후춧가루 약간

● **밥 양념 재료**
참기름 2, 통깨 1, 소금 약간

쇠고기에 간장 1, 설 탕 1, 다진 파 0.5, 다진 마늘 0.5, 참기 름 0.5, 후춧가루 약 간을 넣어 조물조 물 무쳐 10분 정도 재운다.

팬을 달구어 양념한 쇠고기를 볶는다.

**tip** 센 불에서 볶아야 쇠 고기에서 물기가 생 기지 않아요.

따끈한 밥에 볶은 쇠고기를 넣고 참기 름 2, 통깨 1, 소금 약간을 넣고 고루 섞는다.

밥을 적당량 쥐고 한입 크기로 동그랗 게 빚어 조미 김가 루를 묻힌다.

**24** / Chapter 1
김밥과 주먹밥 30

남은 멸치볶음으로

# 멸치 김치 주먹밥

멸치볶음을 밑반찬으로 만들면 조금 남아 처치곤란일 때가 있잖아요. 몸에 좋은 걸 먹이고 싶은 게 주부 마음인데 식구들은 몰라주고…. 그럴 때면 멸치 김치 주먹밥을 만들어요.

( 2~3인분 ) ( 20분 )

● 재료

밥 2공기, 배추김치(익은 것) 5장,
압축 단무지 6쪽, 멸치볶음 4,
파래김자반 3줌,
소금 약간, 통깨 1, 참기름 2

배추김치와 압축 단무지는 잘게 다진다.

**tip** 멸치는 크기가 크면 잘게 다지세요.

잘게 다진 배추김치는 물기를 꼭 짠다.

**tip** 밥이 되면 김치의 물기를 약간 남기세요.

따끈한 밥에 멸치볶음, 배추김치, 압축 단무지, 파래김자반, 소금 약간, 통깨 1, 참기름 2를 넣어 고루 섞는다.

밥을 적당량 쥐고 한입 크기로 동글동글하게 빚는다.

**25** / Chapter 1
김밥과 주먹밥 30

든든한 아침밥

# 닭 갈비 주먹밥

바쁜 아침에 주먹밥만한 메뉴도 없어요. 전날 미리 닭갈비를 볶아 만 놓으면 후다닥 만들 수 있는 주먹밥이에요. 아이들 주먹밥은 덜 맵게, 어른 주먹밥은 더 매콤하게 만들어 드세요.

**2~3인분**　　**20분**

● **주재료**
밥 2공기, 껍질 벗긴 닭 다리살 100g, 식용유 적당량, 조미 김 6장

● **밥 양념 재료**
다진 압축 단무지 6쪽분, 통깨 0.5, 검은깨 0.5, 참기름 2, 소금 약간

● **닭 갈비 양념 재료**
고추장 1, 고춧가루 0.5, 진간장 0.5, 물엿 1, 다진 파 1, 다진 마늘 0.5, 맛술 1, 생강즙·카레가루·후춧가루 약간씩

● **대체 식재료**
닭 다리살 ▶ 닭 안심살

닭 다리살은 잘게 썰어 고추장 1, 고춧가루 0.5, 진간장 0.5, 물엿 1, 맛술 1, 다진 파 1, 다진 마늘 0.5, 생강즙, 카레가루, 후춧가루 약간씩을 넣어 고루 버무린다.

팬에 식용유를 두르고 양념한 닭 다리살을 볶는다.

따끈한 밥에 다진 압축 단무지, 통깨 0.5, 검은깨 0.5, 참기름 2, 소금 약간을 넣어 고루 섞는다.

종지에 랩을 씌워 밥을 넣고 볶은 닭 갈비를 넣고 밥을 덮어 모양을 만든 다음 조미 김으로 감싼다.

**tip** 종지에 랩을 꼭 씌워야 밥이 쉽게 빠져요.

**26** / Chapter 1
김밥과 주먹밥 30

내 친구 희영이의 레시피

# 구운 명란
# 삼각 주먹밥

이건 제 20년지기 친구 희영이가 알려준 주먹밥이에요. 요리의 '요'자도 모르는 친구가 시부모님과 함께 살더니 몇 년 안되어 음식 솜씨가 금세 늘었어요. 따끈한 밥에 명란과 참기름을 넣어 익혀 먹으면 별미예요. 손맛 좋은 친구 덕분에 제 입도 호강하네요.

2~3인분    20분

● **주재료**
밥 2공기, 참기름 약간,
백명란젓 2덩이(100g),
삼각 김밥용 조미 김 3장

● **밥 양념 재료**
압축 단무지 6쪽, 통깨 0.5,
검은깨 0.5, 참기름 2, 소금 약간

1 팬에 참기름을 두르고 백명란젓을 앞뒤로 노릇하게 구워 저며 썰고 압축 단무지는 잘게 다진다.

tip 일반 명란젓은 짤 수 있으니 명란젓의 양을 줄이세요.

2 따끈한 밥에 다진 압축 단무지, 통깨 0.5, 검은깨 0.5, 참기름 2, 소금 약간을 넣어 고루 섞는다.

tip 젓갈에 간이 되어 있어 밥의 간은 살짝만 하세요.

3 밥을 적당량 잡아 펴고 구운 명란을 넣고 삼각 주먹밥을 만든다.

4 삼각 김밥용 조미 김에 삼각 주먹밥을 올린 다음 잘 말아 구운 명란을 1쪽 올린다.

tip 삼각 김밥용 조미 김이 없을 때에는 일반 조미 김을 사용하세요.

**27** / Chapter 1
김밥과 주먹밥 30

꿀맛 김밥

# 약고추장
# 삼각 김밥

옛날부터 '약'이란 글자가 들어간
음식은 '꿀'이 들어갔다는 것을
의미한다고 하지요. 약고추장을
넣은 꿀맛 같은 삼각 김밥이에요.

---

( 2~3인분 )　( 20분 )

● **주재료**
밥 2공기, 삼각 김밥용 조미 김 3장

● **밥 양념 재료**
다진 압축 단무지 6쪽분, 통깨 0.5,
검은깨 0.5, 참기름 2, 소금 약간

● **약고추장 재료**
다진 쇠고기 100g, 다진 마늘 0.5,
맛술 1, 생강즙·후춧가루 약간씩,
고추장 1.5, 간장 0.5, 물엿 1,
꿀 0.5, 참기름 0.5, 통깨 0.5,
식용유 적당량

팬에 식용유를 약간
두르고 다진 쇠고
기, 다진 마늘 0.5, 맛
술 1, 생강즙과 후춧
가루를 약간씩 넣어
볶는다.
**tip** 다진 쇠고기는 금방
상하니 구입해서 바
로 만들거나 냉동실
에 보관하세요.

쇠고기가 반 정도
익으면 고추장 1.5,
간장 0.5, 물엿 1, 꿀
0.5, 참기름 0.5, 통
깨 0.5를 넣어 약한
불에서 3분 정도 볶
는다.

따끈한 밥에 다진
압축 단무지, 통깨
0.5, 검은깨 0.5, 참기
름 2, 소금 약간을
넣어 고루 섞는다.

삼각 김밥용 조미 김
에 삼각 주먹밥틀을
올리고 밥, 약고추장,
밥 순으로 넣어 주먹
밥을 만든 다음 김
으로 잘 만다.

**28** / Chapter 1
김밥과 주먹밥 30

숟 가 락 으 로   떠   먹 는

# 공룡알
# 주먹밥

공룡알 주먹밥은 손으로 들고 먹
는 주먹밥이 아니라 수저로 떠
먹는 주먹밥이에요. 크기가 커서
"우와~" 소리가 절로 나온답니
다. 공룡알 주먹밥 크기에 한 번
반하고 맛에 한 번 더 반해요.

2~3인분    20분

● **주재료**
밥 2공기, 스팸 100g, 양파 약간,
달걀 3개,
식용유·조미 김가루 적당량씩

● **스팸·양파 양념 재료**
간장 0.3, 맛술 1, 후춧가루 약간

● **밥 양념 재료**
압축 단무지 6쪽, 통깨 0.5,
검은깨 0.5, 참기름 2, 소금 약간

● **대체 식재료**
조미 김가루 ▶ 조미 김

스팸은 가로, 세로
1cm 크기로 썰고 양
파와 압축 단무지는
잘게 다진다.

팬에 식용유를 약간
두르고 스팸과 다진
양파를 노릇하게 볶
다가 간장 0.3, 맛술
1, 후춧가루 약간을
넣어 조린다.

따끈한 밥에 다진
압축 단무지, 통깨
0.5, 검은깨 0.5, 참기
름 2, 소금 약간을
넣어 고루 섞어서
밥을 크게 잡고 얇
게 펴서 볶은 스팸
을 넣어 야구공 크
기로 모양을 만든다.

tip 검은깨가 없으면 통
깨만 넣으세요.

공 모양으로 만든
주먹밥에 조미 김가
루를 골고루 묻히고
달걀 프라이를 하여
주먹밥 위에 올린다.

tip 김가루는 꾹꾹 눌러
가며 붙이세요.

우리 딸내미들을 위한 간식으로 자주 만들어 주는 주먹밥. 그중에서 인기짱인 베이컨 치즈 주먹밥구이예요. 쭈욱~ 늘어나는 치즈가 아이들의 식욕을 더 자극하기 때문인지 좋아해요.

출출할 때

# 베이컨 치즈 주먹밥구이

RECIPE

2~3인분 · 30분

● **재료**
밥 2공기, 베이컨 150g,
양파 1/2개, 식용유 적당량,
소금·후춧가루 약간씩,
모차렐라 치즈 2컵

● **대체 식재료**
모차렐라 치즈 ▶ 체다 치즈

베이컨은 기름을 두르지 않은 팬에 구워 키친타월에 올려 기름기를 제거한다.

구운 베이컨과 양파는 잘게 다진다.

팬에 식용유를 두르고 잘게 다진 양파를 볶다가 소금으로 간한다.

따끈한 밥에 다진 베이컨과 양파를 넣고 소금과 후춧가루를 약간씩 넣어 고루 섞는다.

밥을 적당량 쥐고 둥글게 주먹밥을 만든 다음 손에 물을 조금씩 묻혀가면서 모차렐라 치즈를 1/2줌씩 잡아 주먹밥 위아래에 붙인다.

팬에 식용유를 약간 두르고 약한 불로 주먹밥을 노릇하게 굽는다.

tip 센 불에 구우면 치즈가 금방 타버려요.

10년이 다 되어가네요. 큰아이 여섯 살 때 미술학원에서 만들었다며 가지고 와서 엄마 입에 쏙 넣어줬던 주먹밥 크로켓. 맛있다고 하니 함박웃음 지어 보였던 기억이 아직도 나요. 채소 잘 안 먹는 아이들에게 좋은 간식으로 주먹밥 크로켓을 추천하고 싶어요.

아이들과 함께 만들어요

# 주먹밥 크로켓

 2~3인분     40분

### ● 재료
밥 2공기, 양파 1/2개, 당근 1/3개,
피망 1개, 햄 50g,
모차렐라 치즈 3줌(150g),
달걀 2개, 빵가루 적당량,
소금·토마토케첩 약간씩,
식용유 적당량

### ● 대체 식재료
모차렐라 치즈 ▶ 체다 치즈

양파, 당근, 피망, 햄은 곱게 다진다.

팬에 식용유를 두르고 다진 재료를 모두 넣고 볶아 소금으로 간한다.

볼에 따끈한 밥 2공기, 볶은 재료, 모차렐라 치즈를 넣고 소금으로 간하여 고루 섞는다.

tip 찬밥으로 만들 때에는 밥에 모차렐라 치즈를 넣고 전자레인지에서 1분 정도 돌리세요.

밥을 적당량 쥐고 한입 크기로 동그랗게 빚는다.

동그랗게 빚은 주먹밥에 달걀물, 빵가루 순으로 튀김옷을 입힌다.

팬에 식용유를 두르고 달구어 주먹밥을 노릇하게 튀긴 다음 토마토케첩을 뿌린다.

# Cooking Know-how

★ 초밥과 쌈밥 쿠킹 노하우

O 묵은쌀 맛있게 밥 짓기
● 묵은쌀로 밥을 지을 때 다시마나 다시마 우린 물로 밥을 짓습니다.
● 식초 몇 방울을 떨어뜨린 물에 담갔다가 씻고 밥을 짓기 전에 미지근한 물로 한 번 더 헹구면 묵은내가 사라집니다.
● 묵은 쌀로 밥을 짓기 전에 소금 약간과 식용유를 살짝 떨어뜨려 밥을 지으면 밥에 윤기가 돌고 묵은내를 없앨 수 있고 청주를 약간 넣는 것도 좋습니다.

O 밥물이 끓어 넘치면 밥이 푸석푸석하고 맛이 없으니 밥물이 끓어 넘치지 않게 약간 큰 솥에 밥을 하는 게 좋습니다.
O 고두밥이 되면 청주나 소주를 약간 넣고 약한 불로 다시 뜸들이듯이 밥을 지으면 됩니다.
O 초밥용 밥은 청주 약간과 다시마를 넣고 고슬고슬하게 짓습니다.
O 초밥용 밥은 쌀을 30분 이상 불려 체에 밭쳐 평소보다 물을 약간만 적게 잡고 다시마 1장을 올려 밥을 짓습니다.
O 초밥은 밥이 따끈할 때 밥 위에 배합초를 골고루 홑뿌리면서 섞어 재빨리 부채로 부쳐가며 식혀야 배합초가 밥에 고루 배고 맛있습니다.
O 밥의 모양을 잡아 초밥을 만들 때 손에 배합초를 약간씩 묻혀가며 만들어야 손에 달라붙지 않습니다.
O 초밥용 김은 까맣고 윤기 나는 구운 김밥용 김을 사용합니다.
O 유부나 우엉을 조릴 때에는 조림장이 없어질 때까지 바짝 조립니다.
O 간장을 찍어 먹는 초밥은 간장을 밥에 찍지 말고 생선이나 초밥 재료에 찍어야 맛있습니다.

초밥과 쌈밥
20

# Chapter. 2

초밥에 김치를 얹어 먹으면 개운한 맛이 별미예요. 김치 유부 초밥은 집에 늘 있는 흔한 재료로 만들 수 있고 김치를 잘 먹지 않는 아이들도 맛있게 먹는 효자 초밥이에요.

느끼함을 쏙 뺀 개운한

# 김치 유부초밥

2~3인분    40분

● **주재료**
밥 2공기, 유부 10개, 양파 1/4개,
당근 20g, 우엉 20g, 식용유 적당량,
배추김치(익은 것) 5장,
참기름·통깨 약간씩

● **유부 조림장 재료**
다시마 우린 물 1/3컵, 간장 1,
맛술 1, 설탕 1

● **배합초 재료**
식초 3, 설탕 2, 소금 0.5, 물 0.5

유부는 반으로 잘라 끓는
물에 데친다.

**tip** 끓는 물에 유부를 데치면 기름기
도 제거되고 부드러워져요.

냄비에 데친 유부, 다시마 우
린 물 1/3컵, 간장 1, 맛술 1,
설탕 1을 넣어 조린다.

**tip** 국물 없이 바짝 조리세요.

양파, 당근, 우엉은 잘게 썰
어 팬에 식용유를 두르고
볶는다.

익은 배추김치는 잘게 썰어
참기름과 통깨를 약간씩 넣
어 버무린다.

**tip** 배추김치가 너무 시면 신맛이 중
화되도록 설탕을 약간 넣으세요..

볼에 식초 3, 설탕 2, 소금
0.5, 물 0.5를 넣어 전자레인
지에 1분 정도 돌려 설탕과
소금을 녹이고 따끈한 밥에
넣어 재빨리 고루 섞은 다음
볶은 양파, 당근, 우엉을 넣고
버무린다.

유부에 초밥을 넣고 양념한
김치를 얹는다.

**tip** 배합초는 밥에 모두 넣지 말고
조금 남겨서 유부에 밥을 넣을
때 손에 묻혀서 달라붙지 않게
하세요.

몸이 나른할 때 새싹채소를 넣은 초밥을 먹으면 몸도 가벼워지고 기분도 좋아져요. 참치 새싹 유부초밥은 가까운 곳으로 나들이 갈 때 들고 가도 좋아요.

기분을 풀리게 하는

# 참치 새싹 유부초밥

 2~3인분   30분

◉ **주재료**
밥 2공기, 참치(통조림) 1통,
유부 10개

◉ **참치 양념 재료**
새싹채소 1줌, 다진 오이 4,
다진 양파 4, 마요네즈 4, 레몬즙 1,
허니 머스터드 0.3, 후춧가루 약간

◉ **유부 조림장 재료**
다시마 우린 물 1/3컵, 간장 1,
맛술 1, 설탕 1

◉ **배합초 재료**
식초 3, 설탕 2, 소금 0.5, 물 0.5

참치는 체에 밭쳐 기름기를
제거한다.

유부는 반으로 잘라 끓는
물에 데친다.

냄비에 데친 유부, 다시마 우
린 물 1/3컵, 간장 1, 맛술 1,
설탕 1을 넣어 조린다.

tip 시판 유부조림을 사용하면 간편
해요.

참치에 새싹채소 1줌, 다진
오이 4, 다진 양파 4, 마요네
즈 4, 레몬즙 1, 허니 머스터
드 0.3, 후춧가루 약간을 넣
어 살살 섞는다.

볼에 식초 3, 설탕 2, 소금
0.5, 물 0.5를 넣어 전자레인
지에 1분 정도 돌려 설탕과
소금이 녹으면 따끈한 밥에
넣어 재빨리 고루 섞는다.

유부에 초밥을 넣고 양념한
참치를 얹는다.

tip 배합초는 밥에 모두 넣지 말고
조금 남겨서 유부에 밥을 넣을
때 손에 묻혀서 달라붙지 않게
하세요.

유부초밥은 유부만 맛있게 잘 졸이면 성공해요. 그리고 매일 먹는 심심한 유부초밥에 베이컨과 새싹채소를 넣으면 맛도 영양도 좋아요.

자꾸만 손이 가요

# 베이컨 유부초밥

2~3인분  30분

### 주재료
밥 2공기, 베이컨 16장, 오이 1/4개,
양파 1/4개, 새싹채소 1줌, 유부 10개

### 베이컨 소스 재료
마요네즈 2, 레몬즙 1,
허니 머스터드 0.5, 후춧가루 약간

### 유부 조림장 재료
다시마 우린 물 1/3컵, 간장 1,
맛술 1, 설탕 1

### 배합초 재료
식초 3, 설탕 2, 소금 0.5, 물 0.5

### 대체 식재료
유부 ▶ 시판 조미 유부

베이컨은 기름을 두르지 않은
팬에 노릇하게 굽는다.

베이컨, 오이, 양파는 잘게
썰고 새싹채소는 깨끗이 씻
어 물기를 뺀다.

볼에 베이컨, 오이, 양파, 새
싹채소, 마요네즈 2, 레몬즙
1, 허니 머스터드 0.5, 후춧가
루 약간을 넣고 고루 섞는다.

tip 아이들이 먹을 때에는 새싹채소를
빼고 오이를 더 넣으세요.

유부는 반으로 잘라 끓는
물에 데친다.

냄비에 데친 유부, 다시마 우
린 물 1/3컵, 간장 1, 맛술 1,
설탕 1을 넣어 조린다.

tip 국물 없이 바싹 조리세요.

볼에 식초 3, 설탕 2, 소금
0.5, 물 0.5를 넣어 전자레인
지에 1분 정도 돌려 설탕과
소금을 녹이고 따끈한 밥에
넣어 재빨리 고루 섞은 다음
유부에 초밥을 넣고 소스에
버무린 베이컨을 얹는다.

tip 유부에 밥을 넣을 때에는 밥을
꾹꾹 눌러가며 넣으세요.

신혼 초만 해도 냉동 참치를 구하기 어려웠는데 요즘에는 손쉽게 구할 수 있어 참치 김초밥도 만만한 요리가 됐어요. 고소한 참치가 김초밥과 어우러진 맛에 순식간에 한 접시를 비우게 돼요.

초밥집처럼 만드는

# 참치 김초밥

RECIPE

2~3인분  30분

● **주재료**
밥 2공기, 냉동 참치 200g,
김(김밥용) 3장

● **참치 양념 재료**
날치알 2, 다진 파 2, 레몬즙 1,
참기름 1, 소금·고추냉이 약간씩

● **배합초 재료**
식초 3, 설탕 2, 소금 0.5, 물 0.5

● **대체 식재료**
김 ▶ 오이

냉동 참치는 옅은 소금물에
담가 녹여 면포에 싸서 해동
하여 잘게 썬다.

tip 면포에 싸서 해동해야 참치의 겉
면이 마르지 않아요.

참치에 날치알 2, 다진 파 2,
레몬즙 1, 참기름 1, 소금과
고추냉이 약간씩을 넣고 버
무린다.

김은 가위로 3cm 폭으로 자
른다.

볼에 식초 3, 설탕 2, 소금
0.5, 물 0.5를 넣어 전자레인
지에 1분 정도 돌려 설탕과
소금을 녹여 배합초를 만든다.

밥이 뜨거울 때 배합초를 넣
어 고루 섞는다.

초밥을 둥글게 잡아 김을 말
고 참치를 올린다.

tip 초밥의 모양을 잡을 때 손에 식
촛물을 묻혀가며 만들어야 밥알
이 손에 달라붙지 않아요.

PETIT COOKING CLASS

참치는 냉장실에서 해동시키면 살
이 흐물거리지 않아요.
또 초밥을 식힌 다음 참치를
올리면 참치를 싱싱하게
먹을 수 있어요.

너무 예뻐서 먹기 아깝지만 어렵게 한 숟가락 뜨고 나면 춤추는 숟가락질을 멈출 수가 없어요.
공을 들인 만큼 맛으로 보답하는 초밥이에요. 초밥의 꽃이라 부르고 싶어요.

밥에 꽃이 피었어요

# 지라시 초밥

2~3인분    30분

◆ **주재료**
밥 2공기, 달걀 1개, 식용유 적당량,
우엉 1/4개, 피망 1/2개,
표고버섯 2개, 연근 1/3개,
화이트 새우 10마리, 청주 약간,
구운 김 1장, 날치알 약간

◆ **배합초 재료**
식초 3, 설탕 2, 소금 0.5, 물 0.5

◆ **연근 절임 재료**
식초 3, 설탕 2, 소금 약간, 물 5

◆ **우엉·표고버섯 조림장 재료**
간장 1, 맛술 1, 참치진국 0.5,
설탕 1, 물 1/3컵

◆ **대체 식재료**
표고버섯 ▶ 마른 표고버섯

달걀은 잘 풀어 지단을 부쳐 얇게 채 썰고 우엉은 필러로 얇게 저미고 피망과 표고버섯은 얇게 채 썰고 연근은 모양을 살려 얇게 썬다. 화이트 새우는 껍질을 벗겨 끓는 물에 청주를 넣고 삶아 먹기 좋은 크기로 썬다.

tip 지단은 완전히 식혀 채를 썰어야 깔끔하게 썰려요.

볼에 식초 3, 설탕 2, 소금 0.5, 물 0.5를 넣어 전자레인지에 1분 정도 돌려 설탕과 소금을 녹여 배합초를 만든다.

식초 3, 설탕 2, 소금 약간, 물 5를 잘 섞어 연근을 30분 정도 담그고 우엉은 식촛물에 5분 정도 담갔다가 물에 헹군다.

팬에 식용유를 약간 두르고 우엉과 표고버섯을 넣어 볶다가 간장 1, 맛술 1, 참치진국 0.5, 설탕 1, 물 1/3컵을 넣어 조린다.

tip 국물 없이 바짝 조리세요.

따끈한 밥에 배합초를 넣어 고루 섞는다.

그릇에 밥을 담고 구운 김을 부셔 올리고 우엉과 표고버섯, 배합초에 절인 연근, 채 썬 지단, 피망, 화이트 새우를 올리고 날치알을 얹는다.

오이 하나만 있어도 초밥집에서 먹는 초밥처럼 맛있게 만들 수 있어요. 간단하게 만들 수 있어 더 반갑고요. 여름 더위에 지쳐 있을 때 싸 먹으면 좋아요. 또 재료만 준비해주면 아이들도 직접 만들어 먹을 수 있답니다.

상큼하고 싱싱한

# 오이 초밥

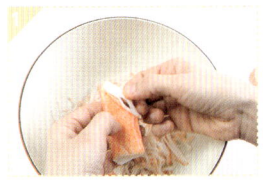  

**2~3인분** **20분**

● **주재료**
밥 2공기, 크래미 맛살 6줄,
오이 1개, 날치알 2

● **날치알 양념 재료**
마요네즈 2, 레몬즙 1, 고추냉이 0.5,
설탕 약간

● **배합초 재료**
식초 3, 설탕 2, 소금 0.5, 물 0.5

크래미 맛살은 손으로 가늘게 찢는다.

오이는 굵은소금으로 문질러 씻어 필러로 얇게 저민다.

tip 저민 오이는 냉장고에 두었다가 먹기 직전에 꺼내면 시원하게 먹을 수 있어요.

볼에 크래미 맛살, 날치알 2, 마요네즈 2, 레몬즙 1, 고추냉이 0.5, 설탕 약간을 넣어 버무린다.

볼에 식초 3, 설탕 2, 소금 0.5, 물 0.5를 넣어 전자레인지에 1분 정도 돌려 설탕과 소금을 녹이고 따끈한 밥에 넣어 재빨리 고루 섞은 다음 먹기 좋은 크기로 초밥 모양을 만든다.

초밥에 얇게 저민 오이를 만다.

초밥을 살짝 눌러주고 크래미 맛살을 얹는다.

**07** / Chapter 2
초밥과 쌈밥 20

불이 필요 없는

# 무쌈말이 초밥

더운 여름이면 불 앞에서 음식하기가 두려워요. 한끼 차리다가 더위를 먹어 며칠을 고생하기도 하니까요. 무쌈말이 초밥은 불 없이도 만들 수 있는 여름 초밥이에요.

 2~3인분   20분

● **주재료**
밥 2공기, 오이 1/2개, 당근 1/4개, 크래미 맛살 5줄, 무쌈 적당량

● **배합초 재료**
식초 3, 설탕 2, 소금 0.5, 물 0.5

● **소스 재료**
허니 머스터드 1, 겨자 0.3, 식초 0.5, 간장 약간

● **대체 식재료**
당근 ▶ 피망, 무순

오이와 당근은 가늘게 채 썰고 크래미 맛살은 가늘게 찢는다.

볼에 식초 3, 설탕 2, 소금 0.5, 물 0.5를 넣어 전자레인지에 1분 정도 돌려 설탕과 소금을 녹이고 따끈한 밥에 넣어 재빨리 고루 섞는다.

허니 머스터드 1, 겨자 0.3, 식초 0.5, 간장 약간을 섞어 소스를 만든다.

무쌈에 초밥, 채 썬 오이와 당근을 올리고 돌돌 말아 소스를 곁들인다.

**08** / Chapter 2
초밥과 쌈밥 20

즉석에서 돌돌 말아 먹는 재미

# 손말이 초밥

횟집에서 마지막에 등장하는 손말이 초밥이에요. 아무리 배가 불러도 2~3개는 먹게 되지요. 톡톡 씹히는 날치알이 입맛을 돋워 과식하게 하는 주범이에요.

**2~3인분**  **30분**

● **주재료**
밥 2공기, 깻잎 10장, 오이 1/3개,
당근 1/3개, 크래미 맛살 4줄,
무순 20g, 김(김밥용) 10장, 날치알 4

● **배합초 재료**
식초 3, 설탕 2, 소금 0.5, 물 0.5

● **날치알 양념 재료**
마요네즈 2, 레몬즙 1, 고추냉이 0.5,
설탕 약간

● **대체 식재료**
날치알 ▶ 훈제 연어

깻잎은 반으로 자르고 오이와 당근은 채썰고 크래미 맛살은 가늘게 찢고 무순은 깨끗이 씻는다.

볼에 식초 3, 설탕 2, 소금 0.5, 물 0.5를 넣어 전자레인지에 1분 정도 돌려 설탕과 소금을 녹이고 따끈한 밥에 넣어 재빨리 고루 섞는다.

김은 가위로 2등분하고 날치알 4에 마요네즈 2, 레몬즙 1, 고추냉이 0.5, 설탕 약간을 넣어 섞는다.

**tip** 날치알을 버무릴 때 물이 생기면 체에 밭쳐 물기를 제거하세요.

김에 밥을 3분의 1 정도만 얇게 펴고 크래미 맛살, 오이, 당근을 올린 후 돌돌 말아 날치알을 얹는다.

몸에 좋은 참치를 회덮밥으로 만들면 아이들이 잘 먹지 않으려 해요. 그럴 땐 다 방법이 있어요.
오이를 말아서 상큼, 매콤하게 참치 칠리 초밥을 만들면 잘 먹어요.

또 먹고 싶은

# 참치 칠리 초밥

 2~3인분  30분

● **주재료**
밥 2공기, 냉동 참치 200g,
소금 약간, 오이 1개

● **참치 양념 재료**
날치알 2, 다진 파 2, 마요네즈 2,
칠리소스 0.5, 물엿 1

● **배합초 재료**
식초 3, 설탕 2, 소금 0.5, 물 0.5

● **대체 식재료**
오이 ▶ 김밥용 김

냉동 참치는 옅은 소금물에 담가 녹인 다음 면포에 싸서 해동한다.

해동한 참치는 잘게 썬다.

오이는 굵은소금으로 껍질을 문질러 물에 씻어 필러로 얇게 저민다.

다진 참치에 날치알 2, 다진 파 2, 마요네즈 2, 칠리소스 0.5, 물엿 1을 넣고 버무린다.

볼에 식초 3, 설탕 2, 소금 0.5, 물 0.5를 넣어 전자레인지에 1분 정도 돌려 설탕과 소금을 녹이고 따끈한 밥에 넣어 재빨리 고루 섞는다.

밥은 한입 크기로 초밥 모양을 만들어 오이를 말고 밥을 편평하게 누르고 참치를 얹는다.

기름진 연어를 잘 못 먹었었는데 초밥에 얹어진 연어를 먹고 나서부터 좋아하게 되었어요. 요즘은 초밥집에서 꼭 연어 초밥을 주문할 정도예요. 피부 미용에도 좋다고 하니 더 당기더라고요.

RECIPE

다크서클 안녕

# 연어 초밥

**2~3인분** **30분**

● **주재료**
밥 2공기, 훈제 연어 200g,
양배추 1장, 홍고추 1/2개, 양파 1개

● **소스 재료**
마요네즈 2, 레몬즙 0.5,
고추냉이 0.5,
설탕·소금·후춧가루 약간씩

● **배합초 재료**
식초 3, 설탕 2, 소금 0.5, 물 0.5

● **대체 식재료**
고추냉이 ▶ 홀스래디시

훈제 연어는 반으로 자른다.

양배추와 홍고추는 잘게 다
지고 양파는 얇게 채 썬다.

양파는 물에 담갔다가 체에
받쳐 물기를 뺀다.

**tip** 양파는 물에 담가 매운맛을 빼세요.

다진 양배추와 홍고추에
마요네즈 2, 레몬즙 0.5, 고추
냉이 0.5, 설탕, 소금, 후춧가
루 약간씩을 넣어 섞는다.

볼에 식초 3, 설탕 2, 소금
0.5, 물 0.5를 넣어 전자레인
지에 1분 정도 돌려 설탕과
소금을 녹이고 따끈한 밥에
넣어 재빨리 고루 섞는다.

밥을 먹기 좋은 크기로 잡고
훈제 연어, 채 썬 양파, 양배
추를 올린다.

맛집에서 꽃상추 쌈밥을 맛있게 먹고 나서 며칠 동안 눈앞에 꽃상추 쌈밥이 아른아른했던 적이 있어요. 소스는 다르지만 저만의 방식으로 만들었더니 맛을 본 이웃 언니들의 반응이 너무 좋았답니다.

상사병이 만들어낸 맛

# 꽃상추 쌈밥

**2~3인분**　　**20분**

### ⚬ 주재료
밥 2공기,
쇠고기(등심 또는 차돌박이) 200g,
꽃상추·날치알 적당량씩

### ⚬ 소스 재료
마늘 1쪽, 양파 약간, 생강 약간,
간장 2.5, 통깨 1.5, 식초 1, 설탕 1,
맛술 1, 식용유 1,
일본 된장(미소) 0.3,
고춧가루·후춧가루 약간씩

### ⚬ 밥 양념 재료
참기름·소금 약간씩

### ⚬ 대체 식재료
차돌박이 ▶ 물에 살짝 데친
　　　　　샤브샤브용 쇠고기

쇠고기는 먹기 좋은 크기로
썬다.

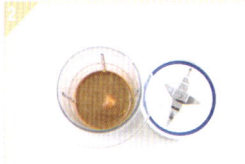

믹서에 마늘 1쪽, 양파 약
간, 생강 약간, 간장 2.5, 통깨
1.5, 식초 1, 설탕 1, 맛술 1,
식용유 1, 일본 된장 0.3을 넣
어 곱게 갈아 고춧가루와 후
춧가루를 약간씩 섞어 소스
를 만든다.

밥에 참기름과 소금을 약간
씩 넣어 섞는다.

양념한 밥을 먹기 좋은 크기
로 동글동글하게 빚어 상추
에 얹는다.

tip 꽃상추로 만들어야 모양이 예뻐요.

밥 위에 날치알을 올린다.

기름을 두르지 않은 팬을 달
구어 차돌박이를 구워 쌈밥
에 올리고 소스를 곁들인다.

tip 등심을 구울 때에는 식용유를 약간
두르고 구우세요.

식구들이 좋아하는 우렁 쌈밥이에요. 일 년 내내 자주 먹지만 더위 이상 없는 여름에 우렁 쌈밥의 진가가 발휘된답니다. 더위에 지쳐 사라진 식욕을 돌아오게 하는 비장의 보양식이거든요. 우렁 쌈밥 먹는 날에는 과식을 각오하고 찬물밥으로 먹어요.

진정한 밥도둑

# 우렁 쌈밥

2~3인분    30분

● **주재료**
밥 2공기, 우렁살 3줌(150g),
양파 1/4개, 청양고추 1개,
표고버섯 1개, 양배추 적당량,
소금 약간

● **쌈장 재료**
물 1컵, 다시마(10×10cm) 1장,
국물용 멸치 10마리, 다진 마늘 0.5,
된장 3, 고추장 0.5, 고춧가루 0.5,
다진 파 2

● **대체 식재료**
양배추 ▶ 호박잎

우렁살은 물에 깨끗이 씻어 반으로 썰고 양파, 청양고추, 표고버섯은 잘게 썬다.

물 1컵에 다시마 1장을 넣어 30분 정도 우린다.

냄비에 다시마 우린 물을 넣어 국물이 끓으면 다시마는 건져내고 국물용 멸치 10마리를 넣어 약한 불로 줄이고 10분 정도 끓여 체에 밭친다.

끓는 물에 소금을 약간 넣고 양배추를 살짝 데쳐 찬물에 헹군다.

다시마 멸치 육수에 우렁살, 양파, 표고버섯, 다진 마늘 0.5, 된장 3, 고추장 0.5, 고춧가루 0.5를 넣어 끓인다.

tip 쌈장은 뚝배기에 끓여야 더 맛있어요.

다진 청양고추와 다진 파 2를 넣고 살짝 끓여 양배추 쌈밥에 곁들인다.

tip 우렁 된장은 양배추, 호박잎, 상추 등 다양한 쌈채소와 잘 어울려요.

김장김치가 많이 남아 있으면 찌개나 국을 끓이고 볶아 먹기도 하지요. 그리고 또 하나의 추천 요리는
김치 쌈밥이에요. 뒷맛이 깔끔해 '역시 한국 사람은 김치가 최고!'라는 말이 절로 나온답니다.

# 김치 쌈밥

RECIPE

**2~3**인분    **30**분

### ■ 재료
밥 2공기, 쇠고기 100g, 깻잎 10장,
양파 1/2개, 청양고추 1개,
익은 배추김치(잎 부분) 20장,
참기름 2, 식용유 적당량, 간장 1,
설탕 0.5, 후춧가루 약간, 김가루 2줌,
통깨 0.5

### ■ 대체 식재료
쇠고기 ▶ 햄

쇠고기, 깻잎, 양파, 청양고추는 잘게 썬다.

익은 배추김치는 잎 부분만 물에 살짝 씻는다.

배추김치에 참기름 1을 넣어 버무린다.

팬에 식용유를 두르고 다진 쇠고기, 양파, 청양고추를 볶다가 간장 1, 설탕 0.5, 후춧가루 약간을 넣고 볶는다.

밥에 볶은 재료와 깻잎, 김가루, 통깨 0.5, 참기름 1를 넣고 섞는다.

김치에 밥을 적당한 크기로 뭉쳐 올려 말고 한입 크기로 싼다.

tip 김치 쌈밥용 김치는 꼭 익은 김치로 만들어야 맛있어요.

월남쌈을 워낙 좋아하는데 월남쌈만 먹으면 항상 음식을 먹다 만 것처럼 허기가 져요. 월남쌈에 밥을 넣어 먹으니 든든한 한끼 든든한 식사도 되네요. 평소 잘 먹지 않는 채소를 듬뿍듬뿍 넣어 싸먹어요.

골 라 먹 어 도 용 서 가 되 는

# 월남 쌈밥

RECIPE

 2~3인분   30분

### 주재료
밥 1공기, 오이 1/2개, 당근 1/3개,
양배추 30g,
파인애플(통조림) 2조각,
쇠고기(차돌박이) 200g,
라이스페이퍼 적당량

### 소스 재료
땅콩잼 1, 칠리소스 1, 초피액젓 0.3,
파인애플 통조림 국물 3

### 대체 식재료
초피액젓 ▶ 피시소스, 까나리액젓

오이, 당근, 양배추는 채 썬다.

파인애플은 먹기 좋은 크기로 썬다.

땅콩잼 1, 칠리소스 1, 초피액젓 0.3, 파인애플 통조림 국물 3을 섞어 소스를 만든다.

팬에 기름을 두르지 않고 달구어 쇠고기를 굽는다.

미지근한 물에 라이스페이퍼를 담가 불린다.

불린 라이스페이퍼에 밥을 얹고 쇠고기, 오이, 당근, 양배추를 올린 다음 돌돌 말아 소스를 곁들인다.

tip 밥은 적게 넣고 쇠고기나 채소를 많이 넣어야 맛있어요.

유부를 넉넉히 조려두었다가 언제든지 쌈밥이나 초밥을 만들 수 있도록 준비하곤 해요. 몸이 피곤하거나 바쁜 아침에 유부를 이용해 간편하게 식사를 챙길 수 있어요. 유부 쌈밥도 전날 쌈장과 유부만 만들어놓으면 후다닥 만들 수 있어요.

든든한 비상식량

# 한국식 유부 쌈밥

2~3인분  30분

### ◉ 주재료
밥 2공기, 유부 10개,
다진 쇠고기 100g, 간장 1,
설탕 0.5, 참기름·후춧가루 약간씩

### ◉ 유부 조림장 재료
다시마 우린 물 1/3컵, 간장 1,
맛술 1, 설탕 1

### ◉ 호두 쌈장 재료
호두 3개, 다진 풋고추 1개분,
다진 파 1, 다진 마늘 0.5,
다진 양파 0.5, 된장 1.5, 고추장 0.5,
마요네즈 0.3, 맛술 1, 물엿 0.5,
고춧가루 0.5, 생강즙 약간,
참기름 0.5, 통깨 0.5

### ◉ 대체 식재료
호두 ▶ 잣

유부는 윗부분을 잘라내고
호두는 잘게 다진다.

tip 호두는 마른 팬에 볶아서 다져야
쌉쌀한 맛을 없앨 수 있어요.

끓는 물에 유부를 데쳐 냄
비에 담고 다시마 우린 물
1/3컵, 간장 1, 맛술 1, 설탕
1을 넣어 조린다.

tip 국물 없이 바짝 조리세요.

다진 호두에 다진 풋고추 1
개분, 다진 파 1, 다진 마늘
0.5, 다진 양파 0.5, 된장 1.5,
고추장 0.5, 마요네즈 0.3, 맛
술 1, 물엿 0.5, 고춧가루 0.5,
생강즙 약간, 참기름 0.5, 통
깨 0.5를 고루 섞어 쌈장을
만든다.

팬에 쇠고기, 간장 1, 설탕
0.5, 참기름과 후춧가루 약간
씩을 넣어 볶는다.

볼에 따끈한 밥과 볶은 쇠
고기를 넣어 섞는다.

유부 주머니에 쇠고기를 섞
은 밥을 담고 쌈장을 올린다.

전에 살던 동네에 맛있는 쌈밥집에서 자주 먹던 해물 쌈밥이에요. 먹고 싶어도 거리가 너무 멀어 집에서 만들어보았더니 식구들이 잘 먹더라고요. 계절에 따라 제철 해산물을 준비하면 일 년 내내 즐길 수 있어요.

해물 쌈장과 대패 삼겹살

# 해물 쌈밥

2~3인분  30분

### 주재료
밥 2공기, 대패 삼겹살 300g,
소금·후춧가루 약간씩,
배추속대 적당량

### 해물 쌈장 재료
오징어 1/2마리, 조갯살 1줌,
새우살 1줌, 양파 1/4개,
애호박 1/6개, 청양고추 1개, 물 1컵,
다시마(10×10cm) 1장,
국물용 멸치 10마리, 식용유 적당량,
맛술 2, 된장 3, 고추장 0.5,
고춧가루 0.5, 다진 파 2,
다진 마늘 0.5

### 대체 식재료
조갯살 ▶ 우렁살

오징어, 조갯살, 새우살, 양
파는 굵게 다지고 애호박은
곱게 채 썰고 청양고추는 송
송 썬다.

냄비에 물 1컵과 다시마를
넣고 물이 끓으면 다시마를
건져내고 국물용 멸치를 넣
어 약한 불로 줄이고 10분
정도 끓여 체에 밭친다.

팬에 식용유를 두르고 잘게
썬 오징어, 조갯살, 새우살,
양파, 맛술 2를 넣어 볶다가
된장 3, 고추장 0.5, 고춧가
루 0.5, 다진 파 2, 다진 마늘
0.5를 넣고 1분 정도 볶는다.

tip 된장이나 고추장은 타기 쉬우니
잘 저어가며 볶으세요. 쌈장은
두 번 정도 먹을 수 있는 분량이
에요.

쌈장에 다시마 멸치 육수를
붓고 끓인다.

tip 쌈장이 타지 않게 저어가며 끓이
세요.

해물이 익으면 채 썬 애호박
과 청양고추를 넣고 끓인다.

대패 삼겹살에 소금과 후춧
가루를 뿌려 팬에 구워 배
추속대, 해물 쌈장과 함께
밥에 곁들인다.

**17** / Chapter 2
초밥과 쌈밥 20

육수만 내기에는 아까운 당신

# 다시마 쌈밥

다시마를 그냥 먹으려 하지 않는
식구들이 있다면 다시마 쌈밥에
맡겨주세요. 오징어를 살짝 데쳐
다시마와 싸먹으면 만족스러운
한 끼를 즐길 수 있어요.

**2~3**인분    **30**분

**주재료**
밥 2공기, 염장 다시마 100g,
오징어 1마리

**배합초 재료**
식초 3, 설탕 2, 소금 0.5, 물 0.5

**초고추장 양념 재료**
다진 마늘 약간, 고추장 1, 설탕 0.5,
식초 1, 맛술 0.5, 참기름 약간,
통깨 0.5

**대체 식재료**
오징어 ▶ 새우, 전복, 두부부침

염장 다시마는 소
금을 털어내고 씻어
물에 10분 정도 담
가 짠맛을 뺀다.

볼에 식초 3, 설탕
2, 소금 0.5, 물 0.5
를 넣어 전자레인
지에 1분 정도 돌려
설탕과 소금을 녹여
따끈한 밥에 고루
섞는다.

다시마는 먹기 좋
은 크기로 썰고 오
징어는 손질하여 끓
는 물에 살짝 데쳐
1cm 두께로 썰어 다
시마에 밥과 오징어
를 얹고 돌돌 만다.

**tip** 오징어는 오래 데치면
질겨요.

다진 마늘 약간, 고
추장 1, 설탕 0.5, 식
초 1, 맛술 0.5, 참기
름 약간, 통깨 0.5를
섞어 초고추장 만
들어 곁들인다.

**18** / Chapter 2
초밥과 쌈밥 20

참 치 통 조 림 하 나 로

# 양상추
# 참치 쌈밥

별다른 찬이 없어도 양상추와 참
치 쌈장 하나면 든든한 한 끼를
먹을 수 있어요. 통조림 참치를
싫어하는 남편도 참치 쌈장을 만
들어주면 맛있게 밥 한그릇을 비
위요.

**2~3인분**  **30분**

### ◆ 주재료
밥 2공기, 양상추 10장,
참치(통조림) 1/2통, 청양고추 1개,
양파 1/4개

### ◆ 쌈장 재료
시판 쌈장 1.5, 고춧가루 0.5,
다진 파 1, 다진 마늘 0.5,
들기름 1, 통깨 0.3

### ◆ 대체 식재료
양상추 ▶ 꽃상추

양상추는 씻어 찬
물에 담갔다가 체에
밭쳐 물기를 뺀다.

참치는 체에 밭쳐
기름기를 제거한다.

청양고추와 양파는
잘게 다진다.

참치에 다진 청양
고추, 시판 쌈장 1.5,
고춧가루 0.5, 다진
파 1, 다진 마늘 0.5,
들기름 1, 통깨 0.3
을 섞어 양상추와
밥과 함께 낸다.

학원에 다니는 딸래미들 간식을 항상 챙겨놓는데요. 간식 메뉴로 브리토를 자주 만들어요.
브리토는 인스턴트식품과 다르게 엄마의 정성이 들어간 영양 간식이라 아이들 건강을 챙기는
것 같아 뿌듯하답니다. 불고기 브리토에 과일 주스 한잔이면 환상의 궁합이에요.

# 불고기 브리토

**2~3**인분 **40**분

### 주재료
밥 1공기, 쇠고기(불고기감) 200g,
우엉 20g, 당근 20g, 양파 1/4개,
할라피뇨 5개, 식용유 적당량,
소금·후춧가루 약간씩,
토르티야(8인치) 6장,
모차렐라 치즈 180g,
스위트 칠리소스 적당량

### 불고기 양념 재료
간장 2, 배즙 4, 맛술 1, 설탕 0.5,
다진 파 1, 다진 마늘 0.5,
참기름 0.5, 후춧가루 약간

### 대체 식재료
당근 ▶ 피망

쇠고기에 간장 2, 배즙 4,
맛술 1, 설탕 0.5, 다진 파 1,
다진 마늘 0.5, 참기름 0.5,
후춧가루 약간을 넣어 버무
려 20분 정도 재운다.

우엉, 당근, 양파, 할라피뇨는
잘게 썬다.

tip 아이들이 먹을 때에는 할라피뇨
는 빼세요.

팬에 양념에 재운 쇠고기를
센 불로 볶는다.

tip 국물 없이 바짝 볶으세요.

다른 팬에 식용유를 두르고
다진 우엉, 당근, 양파를 볶
는다.

양파가 투명해지면 밥을 넣
고 볶다가 소금과 후춧가루
로 간한다.

tip 불고기와 모차렐라 치즈가 들어
가니 간은 약하게 하세요.

토르티아에 밥을 얹고 불고
기, 할라피뇨, 모차렐라 치
즈, 스위트 칠리소스를 넣고
말아 전자레인지에 1분 정도
익혀 먹기 좋은 크기로 썬다.

tip 밥은 적게 넣고 불고기와 모차렐라
치즈를 넉넉히 넣어야 맛있어요.

치킨 브리토는 밥이 들어가 식사대용으로도 좋고 간식으로도 그만이에요. 둘째 아이가 유치원에 다닐 때 치킨 브리토를 도시락으로 싸준 적이 있는데 어떻게 만드느냐는 엄마들의 문의가 쇄도한 인기 메뉴예요.

# 치킨 브리토

2~3인분  30분

### 주재료
밥 1공기, 피망 1/2개,
빨강 피망 1/2개, 양상추 4장,
토마토 1개, 체다 치즈 3개,
닭 안심 200g,
토르티야(8인치) 6장, 식용유 적당량,
다진 당근 2, 다진 양파 3,
소금·후춧가루 약간씩,
마요네즈·허니 머스터드 적당량씩

### 닭 안심 조림 재료
간장 2, 맛술 2, 설탕 1.5,
후춧가루 약간

### 대체 식재료
양상추 ▶ 치커리

피망, 빨강 피망, 양상추는
채 썰고 토마토는 껍질을 벗
겨 가로, 세로 1cm 크기로
썰고 체다 치즈는 1/4등분하
고 닭고기는 손가락 굵기로
썬다.

팬에 닭고기, 간장 2, 맛술 2,
설탕 1.5, 후춧가루 약간을
넣어 볶는다.

다른 팬에 토르티야를 살짝
굽거나 전자레인지에서 살
짝 익힌다.

tip 토르티야를 오래 구우면 빳빳해
져 맛이 없어요.

팬에 식용유를 약간 두르고
다진 당근과 다진 양파를
볶는다.

양파가 투명해지면 밥을 넣
고 볶다가 소금과 후춧가루
로 간한다.

구운 토르티야에 볶음밥, 닭
고기, 피망, 양상추, 토마토,
체다 치즈를 올리고 마요네
즈와 허니 머스터드를 뿌리
고 돌돌 말아 먹기 좋은 크
기로 썬다.

tip 밥을 적게 넣고 소스를 넉넉히
뿌려야 맛있어요.

# Cooking
# Know-how

**★ 비빔밥과 영양밥 쿠킹 노하우**

- 쌀을 씻을 때는 1~2회는 살살 비벼 씻고 3~4번 정도 헹궈 불립니다.
- 묵은쌀은 햅쌀보다 더 불려야 합니다.
- 겨울에는 여름보다 쌀 불리는 시간을 길게 잡습니다.
- 묵은쌀은 깨끗이 씻어 식초를 1~2방울 떨어뜨리고 불려 물에 살짝 헹궈 밥을 지으면 묵은 냄새가 제거됩니다.
- 냄비밥을 기준으로 물의 양은 쌀의 1.2배 정도 맞추는 것이 좋습니다.
- 말린 표고버섯이나 다시마를 얹어 밥을 하면 밥맛이 좋습니다.
- 인덕션이나 전기레인지에 밥을 지을 때와 가스 불에 밥을 지을 때는 물양이 달라지는데 인덕션이나 전기레인지에 밥을 지을 때에는 물을 조금 더 넣어야 합니다.
- 냄비밥과 압력솥, 전기밥솥에 밥을 지을 때의 물양도 다릅니다. 냄비나 전기밥솥에 밥을 지을 때에는 압력솥보다 물을 더 넣어야 합니다.
- 잡곡밥이나 채소가 들어가는 밥은 물양을 약간 줄여야 합니다.
- 쌀을 담을 때 비스듬히 담으면 진밥과 된밥을 한꺼번에 지을 수 있습니다.
- 냄비밥을 지을 때에는 쌀양보다 넉넉한 냄비에 밥을 짓는 게 좋고, 냄비 뚜껑 위에 무거운 물건을 올려놓으면 밥이 차집니다.
- 냄비밥을 지을 때는 센 불로 4분 정도, 아주 약한 불로 줄여 12분, 불을 끄고 10분 정도 뜸을 들입니다.
- 밥물이 끓어 넘치면 밥이 푸석푸석하고 맛이 없으니 밥물이 끓어 넘치지 않게 밥을 지어야 합니다.
- 보통 뜸 들이는 시간은 10~15분 정도가 적당합니다.
- 밥이 설익었을 경우에는 소주나 청주를 1숟가락 정도 넣고 약한 불로 뜸 들이듯이 익힙니다.
- 뜨거울 때 바로 밀폐용기에 담아 냉동 보관하고 먹기 전에 전자레인지에 데우면 갓 지은 밥처럼 먹을 수 있습니다.
- 남은 밥은 프라이팬에 얇게 펴서 노릇노릇하게 구우면 고소한 누룽지를 만들 수 있습니다.
- 남은 밥은 냉동 보관하더라도 1개월은 넘기지 말아야 합니다.
- 밥 1공기는 210g입니다.

비빔밥과 영양밥
15

# Chapter.3

비빔밥을 싫어하는 한국 사람이 있을까요? 이 비빔밥은 말 그대로 그냥 비빔밥이에요. 가족들에게
약고추장을 만들어 비빔밥과 함께 내놓으니 그냥 비빔밥이 아닌 보약 비빔밥을 만들어준 것 같아
뿌듯해요.

약고추장이 맛을 낸

# 그냥 비빔밥

2~3인분    30분

#### ◉ 주재료
밥 2공기, 당근 30g, 오이 1/3개,
새송이버섯 1개, 쇠고기 50g,
도라지 1줌(50g), 콩나물 2줌(70g),
소금·참기름 약간씩,
식용유 적당량, 달걀 프라이 2개

#### ◉ 쇠고기 양념 재료
간장 0.5, 설탕 0.3,
참기름·후춧가루 약간씩

#### ◉ 약고추장 재료
참기름 1, 다진 마늘 0.5,
다진 쇠고기 50g, 맛술 1,
후춧가루 약간, 고추장 4, 물엿 1,
다진 호두 1, 잣 10개, 통깨 0.5

#### ◉ 대체 식재료
새송이버섯 ▶ 맛타리버섯

당근, 오이, 새송이버섯, 쇠고기, 도라지는 가늘게 채 썬다.

도라지는 소금을 뿌리고 바락바락 주물러 쓴맛을 빼서 물에 헹구고 오이는 소금에 살짝 절인다.

쇠고기는 간장 0.5, 설탕 0.3, 참기름과 후춧가루 약간씩을 넣어 조물조물 버무린다.

콩나물은 끓는 물에 데쳐 물기를 빼고 소금과 참기름으로 간한다.

팬에 식용유를 두르고 오이, 도라지, 새송이버섯, 당근, 쇠고기 순으로 각각 볶아 밥 위에 올리고 달걀 프라이를 얹는다.

tip 색이 없는 채소부터 볶아야 팬을 깨끗하게 쓸 수 있어요.

팬에 참기름 1을 두르고 다진 마늘 0.5, 다진 쇠고기 50g, 맛술 1, 후춧가루 약간을 넣어 볶다가 약한 불로 줄이고 고추장 4, 물엿 1, 다진 호두 1, 잣 10개, 통깨 0.5를 넣어 볶아 비빔밥에 곁들인다.

tip 호두와 잣은 팬에 살짝 볶아야 씁쓸하지 않아요.

1박 2일 동안 먹고 싶은

# 바지락 비빔밥

바지락을 쫄깃하게 데쳐 갖가지 채소와 버무려 밥에 비벼 먹으면 밥도둑이 따로 없어요. 알이 굵은 바지락을 질기지 않게 삶는 것이 맛내기 비결인데요. 조개가 입을 벌리면 바로 불을 끄세요. 바지락 삶은 물은 칼국수나 된장국, 미역국, 콩나물국을 끓일 때 사용하면 좋아요.

**2~3인분**  **30분**

● **주재료**
밥 2공기, 바지락 1.5kg,
미나리 7줄기, 양파 1/2개,
풋고추 1개, 홍고추 1개, 쪽파 2대

● **바지락 삶는 물 재료**
물 3컵, 청주 2

● **양념장 재료**
고추장 2, 고춧가루 0.5, 식초 2
설탕 1, 맛술 1, 통깨 1, 참기름 0.5

● **대체 식재료**
미나리 ▶ 베이비 채소

바지락은 깨끗이 씻어 냄비에 물 3컵을 붓고 청주 2를 넣고 끓여 바지락이 입을 열면 불을 끄고 살을 발라낸다.

**tip** 바지락 삶은 물은 소금으로 간하고 대파를 약간 넣어 국처럼 먹으면 맛있어요.

미나리는 4cm 길이로 썰고 양파는 채 썰고 풋고추와 홍고추는 어슷 썰고 쪽파는 잘게 썬다.

고추장 2, 고춧가루 0.5, 식초 2, 설탕 1, 맛술 1, 통깨 1, 참기름 0.5를 섞어 양념장을 만든다.

바지락살에 미나리, 양파, 풋고추, 홍고추, 쪽파, 양념장을 넣고 살살 버무려 밥 위에 올린다.

**03** / Chapter 3
비빔밥과 영양밥 15

집에서 맛있게 만들어 먹는

# 회덮밥

식구들이 좋아하는 참치회가 조금
만 있어도 근사한 한 끼를 준비할
수 있어요. 채소를 썰어 밥 위에
올리기만 해도 회덮밥이 완성돼
요. 불을 사용하지 않아도 되니 여
름에 더 반가운 메뉴예요.

| 2~3인분 | 20분 |

● **주재료**
밥 2공기, 풋고추·홍고추 1/2개씩,
상추 1장, 오이·당근·무 20g씩,
깻잎 2장, 마늘 2쪽, 무순 약간,
냉동 참치 200g, 채 썬 김 약간

● **양념장 재료**
고추장 2, 고춧가루 0.5, 식초 2,
설탕 1, 맛술 1, 통깨 1, 참기름 0.5

● **대체 식재료**
냉동 참치 ▶ 활어회

풋고추와 홍고추는
어슷 썰고 상추, 오
이, 당근, 무, 깻잎,
마늘은 얇게 채 썰
어 얼음물에 담가두
고 무순도 준비한다.

tip 상추는 적상추로 준
비하세요.

참치는 해동시켜 먹
기 좋은 크기로 썬다.

tip 냉동 참치는 옅은 소
금물에 5분 정도 담
가 겉만 해동하세요.

고추장 2, 고춧가루
0.5, 식초 2, 설탕 1,
맛술 1, 통깨 1, 참기
름 0.5를 섞어 양념
장을 만든다.

그릇에 밥을 담고 채
썬 채소와 참치를
올리고 양념장을 곁
들인다.

tip 참치에는 김이 잘 어
울리니 김가루를 곁
들이세요.

친정엄마는 겨울이 되면 김장김치로 다양한 요리를 만들어주셨어요. 가마솥을 열면 뜨끈한 김이 모락모락 피어오르는 밥 냄새와 김장김치의 구수한 냄새. 그리움이 조미료처럼 버무려져 겨울이 되면 김장김치로 김치밥을 만들어요. 울 엄마의 베스트 레시피예요.

친정엄마 레시피

# 김치밥

 2~3인분  40분

## 재료
쌀 1컵+1/2컵, 쇠고기 등심 150g,
소금·후춧가루 약간씩,
배추김치(익은 것) 4~5장,
들기름 3, 김치 국물 8,
물 1컵+1/3컵

## 대체 식재료
쇠고기 등심 ▶ 돼지고기 목살

쌀은 물에 씻어 30분 정도
불린다.

쇠고기는 1cm 크기로 깍둑
썰어 소금과 후춧가루로 간하
고 배추김치는 굵게 다진다.

냄비를 달구어 들기름 2를
두르고 쇠고기를 넣고 볶다
가 김치를 넣고 볶는다.

쇠고기가 익으면 불린 쌀을
넣는다.

물 1컵+1/3컵과 김치 국물
8을 넣어 밥을 짓는다.

뜸이 들면 들기름 1을 넣어
섞는다.

tip 뜸을 들이고 들기름을 넣어야 더
구수하고 맛있어요.

시래기로 다양한 요리를 하지만 그중에서 으뜸은 시래기밥이에요. 불린 시래기만 있으면 언제
든지 만들 수 있어서 냉동실에 넉넉히 보관했다가 밥하기 귀찮을 때 하나씩 꺼내 시래기밥을
지어요. 어렸을 때부터 먹어서 그런지 딸내미들도 시래기밥을 아주 잘 먹어요.

RECIPE

으뜸 시래기 요리

# 시래기밥

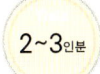 2~3인분     40분

● **주재료**
쌀 1컵+1/2컵,
삶은 시래기 2줌(150g),
들기름 2, 물 1컵+3/4컵

● **양념장 재료**
간장 2, 조선간장 0.5, 고춧가루 0.5,
다진 파 1, 통깨 0.5, 들기름 1

쌀은 물에 씻어 30분 정도
불린다.

삶은 시래기를 깨끗이 씻어
껍질을 벗기고 물기를 짜서
3cm 길이로 썬다.

**tip** 시래기는 고구마순 껍질 벗기듯
껍질을 벗겨야 부드러워요.

팬에 들기름 1을 두르고 시
래기를 넣고 볶는다.

냄비에 쌀과 물 1컵+3/4컵을
붓고 볶은 시래기를 넣어 밥
을 짓는다.

밥을 짓는 동안 간장 2, 조
선간장 0.5, 고춧가루 0.5,
다진 파 1, 통깨 0.5, 들기름
1을 섞어 양념장을 만든다.

뜸을 들인 후 들기름 1을 넣
어 섞고 양념장을 곁들인다.

**PETIT COOKING CLASS**

시래기는 씻어서 말리는 게
아니라 흙이 묻은 상태로 말리기
때문에 여러 번 헹궈야 해요.

제가 맏며느리라 명절이 되면 종종 시댁 식구들이 우리집에 모이는데요. 그럴 때마다 이번에는 '뭘 만들지?' 항상 고민하게 돼요. 매일 먹는 밥이 아닌 특별한 영양밥을 만들어 드릴까 하다가 더덕밥을 만들었는데 맛있게 잘 드시더라고요. 그 후부터 손님 초대할 때에도 더덕밥을 자주 내놓아요.

향긋함으로 먹는

# 더덕밥

**2~3**인분  **40**분

### 주재료
쌀 1컵+1/2컵, 더덕 6뿌리(100g),
청양고추 1개, 홍고추 1개,
표고버섯 2개, 브로콜리 30g,
당근 30g, 물 1컵+3/4컵

### 더덕 양념 재료
다진 잣 1.5, 참기름 1, 소금 약간

### 양념장 재료
간장 2, 조선간장 0.5, 고춧가루 0.5,
다진 파 1, 통깨 0.5, 참기름 1

### 대체 식재료
청양고추 ▶ 풋고추

쌀은 물에 씻어 30분 정도
불리고 더덕은 불에 그을려
껍질을 벗긴다.

tip 더덕을 불에 그을리면 껍질을 쉽
게 벗길 수 있어요.

청양고추, 홍고추, 표고버섯,
브로콜리, 당근은 잘게 썬다.

껍질을 벗긴 더덕을 방망이
로 두들겨 손으로 가늘게 찢
어 다진 잣 1.5, 참기름 1, 소
금 약간을 넣고 무친다.

tip 잣을 믹서에 갈면 유분기가 많아
뭉치니 키친타월에 올리고 다지
세요.

냄비에 불린 쌀과 양념한 더
덕, 물 1컵+3/4컵을 넣고 밥
을 짓는다.

불을 끈 다음 다진 채소를
넣고 뚜껑을 덮은 상태로 10
분 정도 뜸을 들인다.

간장 2, 조선간장 0.5, 고춧
가루 0.5, 다진 파 1, 통깨
0.5, 참기름 1을 섞어 양념장
을 만들어 곁들인다.

**PETIT COOKING CLASS**

채소를 넣어 밥을 지을 때
처음부터 채소를 넣으면
색이 바래서 맛이 없어 보이니
뜸을 들이기 직전에 채소를
넣으세요.

동생이 강원도에 살 때 놀러 갔다가 곤드레밥을 처음 먹어보고 반해서 요즘도 자주 만들어 먹어요. 손님이 오셨을 때 곤드레밥을 내놓기도 하는데, 곤드레밥을 모르시는 분들도 많으시 더라고요. 신기하다며 맛있게 비워서 우리집 손님 초대 요리의 단골 밥이에요.

곤드레만드레 그 맛에 취하는

# 곤드레밥

RECIPE

**2~3**인분  **40**분

● **주재료**
쌀 1컵+1/2컵,
말린 곤드레나물 2줌(25g),
물 1컵+3/4컵, 들기름 3

● **양념장 재료**
간장 2, 조선간장 0.5,
고춧가루 0.5,
다진 파 1, 통깨 0.5, 들기름 1

곤드레나물은 끓는 물에 5분 정도 삶아 하룻밤 정도 불려서 물을 갈아가며 깨끗이 씻어 물기를 꼭 짜서 잘게 썬다.

tip 곤드레에 흙이 많이 묻어 있으니 여러 번 헹구세요.

쌀은 물에 씻어 30분 정도 불린다.

팬에 들기름 2를 두르고 곤드레나물을 넣어 볶는다.

냄비에 불린 쌀과 볶은 곤드레나물을 얹고 물 1컵+3/4컵을 부어 밥을 짓는다.

간장 2, 조선간장 0.5, 고춧가루 0.5, 다진 파 1, 통깨 0.5, 들기름 1을 섞어 양념장을 만든다.

뜸이 들면 곤드레밥에 들기름 1을 넣어 섞고 양념장을 곁들인다.

tip 곤드레나물이 나오는 철에 생나물로 만들어도 맛있어요.

**PETIT COOKING CLASS**

곤드레나물은 도깨비엉겅퀴,
고려가시나물이라고도 불려요.
강원도 지방에서 5월이 되면
곤드레 잎을 채취하는데
나물밥이나 장아찌, 튀김,
쌈 등으로 먹어요. 곤드레에는
단백질과 탄수화물,
비타민 A 등이 풍부하여 성인병
예방에 좋다고 하네요. 요즘은
대형 마트에서 말린
곤드레나물을 구입할 수 있어요.

**08** / Chapter 3
비빔밥과 영양밥 15

친정엄마와 콩나물

# 콩나물밥

어렸을 적 친정엄마가 시루에 콩
나물을 직접 기르셨어요. 엄마가
없을 때면 몰래 콩나물시루에 물
을 주기도 했어요. 자꾸 열면 콩나
물 색이 파랗게 된다고 친정엄마
께서 열지 말라고 하셨거든요. 직
접 기른 콩나물로 콩나물밥을 해
주시면 어찌나 고소하고 맛있던지
지금도 그 맛을 잊지 못해요.

**2~3인분**  **40분**

● **주재료**
쌀 1컵+1/2컵, 콩나물 3줌(100g),
쇠고기 80g, 물 1컵+2/3컵

● **양념장 재료**
부추 약간, 간장 2, 조선간장 0.5,
고춧가루 0.5, 통깨 0.5, 참기름 1

● **대체 식재료**
부추 ▶ 달래

쌀은 물에 씻어 30
분 정도 불린다.

쇠고기는 결 반대
방향으로 얇게 썰고
콩나물은 씻어 물기
를 뺀다.
tip 쇠고기는 면포나 키
친타월로 핏물을 충
분히 빼야 밥이 깔끔
해요.

냄비에 불린 쌀, 쇠
고기, 콩나물, 물 1
컵+2/3컵을 넣어 밥
을 짓는다.
tip 길이가 짧고 통통한
찜용 콩나물을 사용
해야 아삭하고 맛있
어요.

부추 약간, 간장 2,
조선간장 0.5, 고춧
가루 0.5, 통깨 0.5,
참기름 1을 섞어 양
념장을 만들어 곁
들인다.

**09** / Chapter 3
비빔밥과 영양밥 15

자투리 채소가 눈에 띄면

# 김치 알밥

김밥 싸고 남은 자투리 재료로 만들어 먹는 김치 알밥. 자투리 재료가 들어가 맛이 없을 거라는 편견을 버리게 하는 그런 밥이에요. 김치 알밥을 만들어 먹으려고 일부러 김밥 재료를 남기기도 해요.

 2~3인분 | 30분

### 재료

밥 2공기, 날치알 4, 레몬즙 약간,
오이 40g, 익은 배추김치 4~5줄기,
단무지 40g, 크래미 맛살 2줄,
식용유 적당량.
조미 김가루·후리가케·참기름 약간씩

날치알은 레몬즙을 약간 넣어 재운다.

오이, 익은 배추김치, 단무지는 잘게 다지고 크래미 맛살은 손으로 가늘게 찢는다.

팬에 식용유를 얇게 바른다.

식용유를 바른 팬에 밥을 넣고 잘게 썬 오이, 단무지, 크래미 맛살, 김치, 김가루, 날치알을 올리고 후리가케와 참기름을 두르고 누룽지가 살짝 생길 때까지 익힌다.

**tip** 김가루로 간을 맞추세요.

봄이 오면 꼭 냉이밥을 지어 먹어요. 봄나물 중에 냉이를 제일 좋아하는데 냉이밥을 달래장에
비벼 먹으면 겨우내 움츠렸던 몸도 가벼워져요. 남녀노소 누구나 좋아하는 향긋한 냉이밥으로
한 끼 맛있게 드세요.

봄 향기의 전령사

# 냉이밥

 2~3인분   40분

● **주재료**
쌀 1컵+1/2컵, 냉이 3줌(150g),
당근 약간(30g), 물 1컵+3/4컵

● **달래 양념장 재료**
달래 약간(7~8줄기), 간장 2,
조선간장 0.5, 고춧가루 0.5,
통깨 0.5, 참기름 1

쌀은 물에 씻어 30분 정도 불린다.

냉이는 깨끗하게 다듬어 씻어 2~3cm 길이로 썰고 당근은 채 썬다.

냄비에 불린 쌀과 물 1컵+3/4컵을 붓고 밥을 짓는다.

불을 끄고 나서 냉이와 당근을 넣고 2분 정도 뜸을 들인다.

tip 냉이는 살짝 뜸을 들여야 먹음직스럽고 향도 강해요.

달래는 뿌리 부분의 껍질을 한 겹 벗겨서 깨끗이 씻어 잘게 썬다.

잘게 썬 달래, 간장 2, 조선간장 0.5, 고춧가루 0.5, 통깨 0.5, 참기름 1을 섞어 양념장을 만들어 곁들인다.

**PETIT COOKING CLASS**

냉이는 처음부터 넣고 밥을 지으면 색이 변해 맛이 없어 보이니 뜸 들일 때 넣으세요.

바다의 향긋함이 코끝을 자극하는 뚝배기 굴밥 한그릇이면 하루 종일 든든해요
굴밥은 바다내음을 입안에 가득 머금은 것처럼 향긋한 굴내음이 입안에 확 퍼지면서 숟가락이
바빠지지요. 식욕도 살리고 기력 회복에도 좋은 굴밥. 겨울철에 부지런히 만들어 보세요.

보 약 한 첩 이 그 리 울 때

# 뚝배기 굴밥

RECIPE

**2~3인분**　　**40분**

▶ **주재료**
쌀 1컵+1/2컵, 굴 2컵,
물 1컵+2/3컵

▶ **고명 재료**
달걀지단·대추 약간씩,
팽이버섯·부추·쪽파 약간씩,
날치알 3

▶ **양념장 재료**
고추 간장 장아찌 3개,
장아찌 국물 5

▶ **대체 식재료**
팽이버섯 ▶ 새송이버섯

쌀은 물에 씻어 30분 정도
불린다.

고명 재료인 달걀지단은 얇게
채 썰고 대추는 돌돌 말아
썰고 팽이버섯, 부추, 쪽파는
잘게 썬다.

굴은 옅은 소금물에 살살 흔
들어 씻는다.

tip 굴은 큰 것보다는 작은 굴로 밥을
지어야 맛도 좋고 식감도 좋아요.

뚝배기에 불린 쌀과 물 1컵
+2/3컵을 붓고 굴을 얹어 밥
을 짓는다.

고추 간장 장아찌를 송송 썰
어 장아찌 국물과 섞어 양념
장을 만든다.

뜸을 들인 굴밥에 고명 재료
를 올리고 날치알을 얹은 뒤
양념장을 곁들인다.

tip 밥이 뜨거울 때 비벼야 날치알이
익어 맛있어요.

**PETIT COOKING CLASS**

손님상에 내는 게 아니라면
힘들게 준비해야 하는 갖가지
고명 대신 부추만 듬뿍 올려도
맛있어요.

냉장고에 해물이 조금씩 남아 있을 때 만들면 좋아요. 미역은 항상 갖춰 놓는 재료이니 가족들이 별미밥을 원하면 뚝딱 만들어 밥상에 내놓을 수 있어요. 여기에 콩나물을 넣으면 씹는 맛도 좋고 훨씬 개운한 맛이 나요.

별식

# 해물 미역밥

## 2~3인분  30분

### 주재료
쌀 1컵+1/2컵, 불린 미역 1컵+1/2컵,
참기름 2, 바지락살 1/2컵,
새우 5마리,
다시마 우린 물 1컵+3/4컵

### 양념장 재료
간장 2, 조선간장 0.5, 고춧가루 0.5,
다진 파 0.5, 통깨 0.5, 참기름 1

### 대체 식재료
새우 ▶ 낙지

쌀은 물에 씻어 30분 정도
불린다.

불린 미역 1컵+1/2컵은 2cm
길이로 썬다.

냄비에 참기름 2를 두르고
바지락살, 새우, 쌀을 넣고
볶는다.

tip 오징어나 낙지 등 좋아하는 해물
을 넣으면 돼요.

밥알이 투명해지면 미역을
넣어 살짝 볶는다.

다시마 우린 물 1컵+3/4컵을
부어 밥을 짓는다.

밥을 짓는 동안 간장 2, 조선
간장 0.5, 고춧가루 0.5, 다진
파 0.5, 통깨 0.5, 참기름 1을
섞어 양념장을 만들어 곁들
인다.

'홍합만 들어갔는데 무슨 맛이 있겠어?' 생각했지만 자꾸만 숟가락이 가는 밥이에요. 그래서인지 우리 둘째 친구는 한동안 저만 보면 홍합밥을 만들어 달라고 노래를 불렀어요. 특별한 날 손님상 에 내놓아도 좋아요.

아이들도 좋아하는

# 홍합밥

RECIPE

 2~3인분    40분

**▪ 주재료**
쌀 1컵+1/2컵,
홍합살 1컵+1/2컵,
참기름 4

**▪ 양념장 재료**
간장 1.5,
다시마 우린 물 1컵+3/4컵

쌀은 물에 씻어 30분 정도 불린다.

홍합살은 수염을 떼고 옅은 소금물에 씻는다.

간장 1.5, 다시마 우린 물 1컵+3/4컵을 섞어 양념장을 만든다.

냄비에 참기름 3을 두르고 홍합을 넣고 볶다가 불린 쌀과 양념장을 넣어 쌀에 고루 간이 배도록 5분 정도 볶는다.

쌀이 어느 정도 익으면 약한 불로 줄여 뚜껑을 덮고 15분 정도 뜸을 들인다.

tip 불을 끄고 10분 정도 뜸을 들이세요.

팬에 참기름 1을 두르고 홍합밥을 넣어 밥알에 기름이 고루 배도록 볶는다.

tip 밥을 한 번 더 볶으면 고소하고 밥에 윤기가 돌아요.

**PETIT COOKING CLASS**
심심한 맛이 포인트인 홍합밥은 시원한 나박김치나 물김치와 함께 먹으면 좋아요.

저희 친정 부모님께 꼭 해드리고 싶은 한 그릇밥은 톳 조림밥이에요. 먹어도 질리지 않고, 처음 맛보는 사람들도 너무 맛있다며 호들갑 떨며 먹는 별미밥이지요. 소풍 도시락으로 싸 가면 그날의 인기짱 도시락이 된답니다.

맛 있 는 밥

# 톳 조림밥

RECIPE

2~3인분  30분

● **주재료**
밥 2공기, 유부 2개, 쇠고기 50g,
당근 30g, 표고버섯 2개, 톳 100g,
식용유 적당량, 달걀지단 1개분,
다진 쪽파 약간

● **조림장 재료**
간장 3, 참치진국 1, 맛술 1,
설탕 1, 물 1/2컵

유부는 끓는 물에 데친다.

데친 유부, 쇠고기, 당근, 표
고버섯은 얇게 채 썬다.

tip 모든 재료는 얇게 채 썰어야 맛이
좋아요. 표고버섯은 포를 뜬 다
음 썰어야 얇게 썰려요.

톳은 깨끗이 씻어 끓는 물에
데쳐 3cm 길이로 썬다.

팬에 식용유를 두르고 유부,
쇠고기, 표고버섯, 톳을 넣고
볶다가 간장 3, 참치진국 1,
맛술 1, 설탕 1, 물 1/2컵을
넣고 약한 불로 조린다.

국물이 자박해지면 당근을
넣고 센 불로 조린다.

tip 조림을 할 때는 마지막에 센 불로
조려야 윤기가 흘러요.

밥에 톳조림을 넣고 섞어서
달걀지단과 다진 쪽파를 곁
들인다.

겨울철 기나긴 밤 출출할 때면 잘 익은 김장김치와 따끈하게 우린 육수에 도토리묵을 말아 먹으면 허기도 가시고 속도 편하지요. 요즘 자연식에 관심이 많은데요, 도토리묵밥이야말로 자연에서 온 선물이에요.

가벼운 한 끼 식사

# 도토리묵밥

**2~3인분**　**30분**

### 주재료
밥 3공기, 도토리묵 150g,
배추김치(익은 것) 3장, 다진 파 1,
깨소금 1, 참기름 1,
김가루·송송 썬 쪽파 약간씩

### 육수 재료
물 7컵, 다시마(10×10cm) 2장,
북어 1/2마리, 새우 1/2줌,
마늘 2쪽, 무 100g, 양파 1/2개,
대파 1대, 국물용 멸치 1줌,
조선간장 0.5, 까나리액젓 0.5,
소금·후춧가루 약간씩

### 대체 식재료
도토리묵 ▶ 메밀묵, 청포묵

냄비에 물 7컵을 붓고 다시마를 넣어 30분 정도 우린다.

다시마 우린 물에 북어, 새우, 마늘, 무, 양파, 대파를 넣어 끓기 시작하면 다시마를 건진다.

국물용 멸치, 조선간장 0.5, 까나리액젓 0.5를 넣어 약한 불로 줄이고 10분 정도 끓이다가 체에 거르고 소금과 후춧가루로 간한다.

도토리묵은 굵게 채 썬다.

배추김치는 송송 썰어 다진 파 1, 깨소금 1, 참기름 1을 넣어 버무린다.

대접에 밥을 담고 도토리묵, 양념한 김치, 김가루, 송송 썬 쪽파를 올리고 따끈한 육수를 붓는다.

**PETIT COOKING CLASS**

여름에는 육수를 차게 식혀 식초와 겨자를 넣어 먹어도 별미예요.

# Cooking
# Know-how

★ 볶음밥 쿠킹 노하우

○ 갓 지은 밥에는 수분이 많이 함유되어 있어 볶으면 질어서 맛이 없습니다. 찬밥을 전자레인지에 살짝 데워 볶으면 좋습니다.

○ 끈기가 없는 쌀이라야 기름에 볶았을 때 밥알이 한 알 한 알 떨어져 맛있는 볶음밥을 만들 수 있습니다. 보통 쌀로 볶음밥을 만들 때는 밥을 고슬고슬하게 지어야 합니다.

○ 볶음밥을 너무 저으면 밥에 끈기가 생겨 맛이 없습니다.

○ 볶음밥은 화력이 센 불에 볶음용 팬을 달구어 볶아야 하는데, 잘 익지 않는 재료는 한 번 삶아서 사용하고, 모든 재료를 비슷한 모양과 크기로 썰어야 재료가 익는 시간이 비슷합니다.

○ 밥과 볶음밥 재료를 각각 볶으면 맛있습니다.

○ 간은 주로 소금으로 하고, 간장을 사용할 때는 냄비 가장자리에 둘러 향미를 살립니다.

볶음밥
10

Chapter.4

**01** / Chapter 4
볶음밥 10

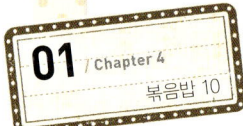

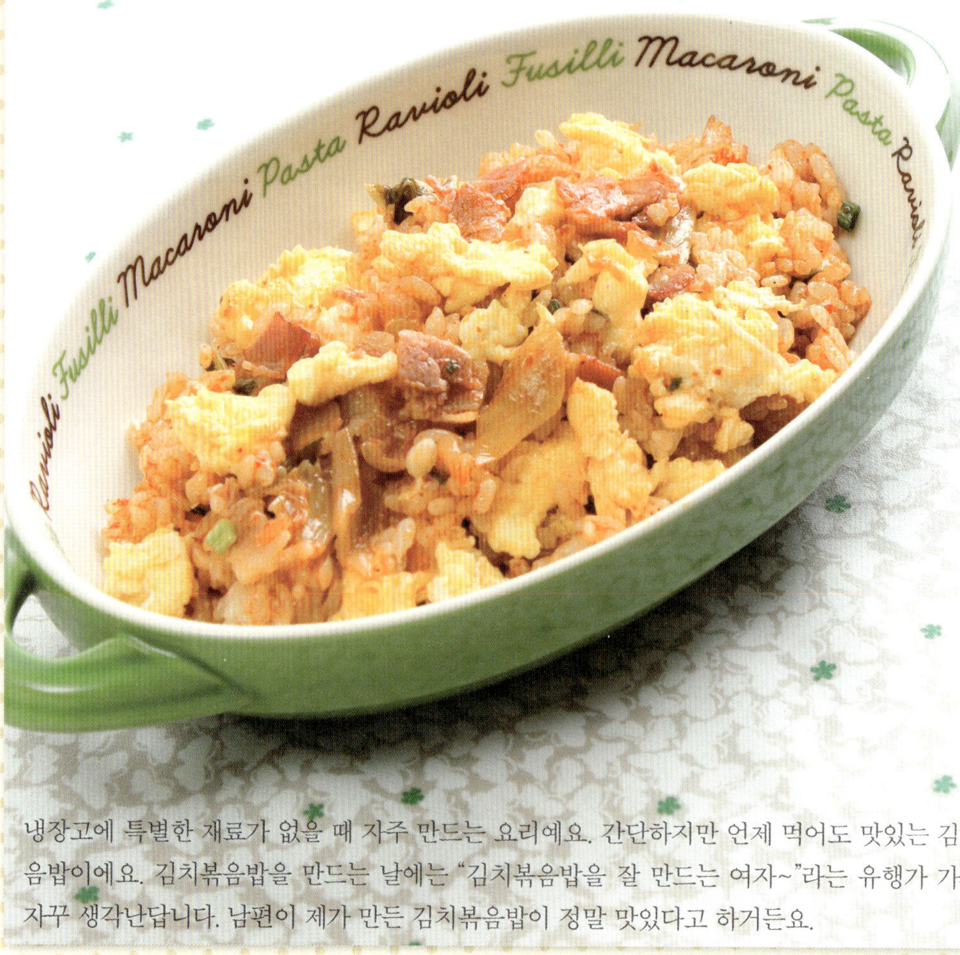


냉장고에 특별한 재료가 없을 때 자주 만드는 요리예요. 간단하지만 언제 먹어도 맛있는 김치볶음밥이에요. 김치볶음밥을 만드는 날에는 "김치볶음밥을 잘 만드는 여자~"라는 유행가 가사가 자꾸 생각난답니다. 남편이 제가 만든 김치볶음밥이 정말 맛있다고 하거든요.

후다닥 만드는 볶음밥계의 지존

# 김치 베이컨 볶음밥

2~3인분   20분

### 재료

밥 2공기, 배추김치(익은 것) 5장,
베이컨 7장, 양파 1/2개,
식용유 적당량, 달걀 2개,
김치 국물 4, 소금·후춧가루 약간씩,
다진 쪽파 2, 참기름 1, 통깨 약간

### 대체 식재료

베이컨 ▶ 삼겹살

배추김치, 베이컨, 양파는 굵게 다진다.

tip 김치는 꼭 익은 김치로 만드세요. 김치가 제대로 익지 않으면 김치 볶음밥의 맛이 덜해요.

팬을 달구어 식용유를 두르고 달걀을 풀어 스크램블한다.

tip 스크램블할 때에는 식용유를 넉넉히 둘러야 잘 부쳐져요.

팬에 다진 양파와 베이컨을 넣어 볶다가 양파가 투명해지면 김치를 넣고 볶는다.

tip 베이컨에서 기름이 나와 식용유를 두르지 않아도 달라붙지 않아요.

김치가 익으면 밥을 넣고 재빨리 볶는다.

김치 국물 4, 소금과 후춧가루로 간한다.

스크램블한 달걀, 다진 쪽파 2, 참기름 1, 통깨 약간을 넣어 가볍게 섞는다.

tip 김가루나 깻잎을 채 썰어 넣어도 맛있어요.

케사디야라고도 부르는 케사딜라는 이름은 어려워도 밥이 남았을 때 만들면 좋은 요리예요. 아이들도 갓 지은 밥으로 만든 별미 요리인 줄 착각하고 맛있게 먹는답니다. 휴일에 느긋하게 일어나 아점을 찾는 싱글족이나 학교에서 돌아온 아이들에게 간식으로 추천하고 싶어요.

찬밥으로 만드는 훌륭한 만찬

# 김치볶음밥 케사딜라

 2~3인분 30분

**● 재료**

밥 1공기, 배추김치(익은 것) 2장,
스팸 50g, 양파 1/4개,
피망 1/4개, 빨강 피망 1/4개,
식용유 적당량, 김치 국물 2,
통깨·참기름 약간씩,
소금·후춧가루 약간씩,
토르티야 3장, 모차렐라 치즈 약간

**● 대체 식재료**

스팸 ▶ 햄

배추김치, 스팸, 양파, 피망,
빨강 피망은 굵게 다진다.

팬을 달구어 식용유를 두르
고 다진 양파, 스팸, 김치를
넣어 볶다가 김치가 익으면
피망과 빨강 피망을 넣고 볶
는다.

밥을 넣어 볶다가 김치 국물
2, 통깨와 참기름 약간씩을
넣고 소금과 후춧가루로 간
한다.

토르티야에 김치볶음밥을
올리고 모차렐라 치즈를 얹
는다.

tip 체다 치즈를 넣어도 맛있어요.

토르티야는 반으로 접어
200℃로 예열한 오븐에서
노릇하게 굽는다.

tip 오븐이 없으면 팬에 굽거나 모차
렐라 치즈가 녹을 때까지 전자레
인지에서 익히세요.

케사딜라를 먹기 좋은 크기
로 썬다.

김치볶음밥과는 또 다른 식감으로 유혹하는 깍두기 볶음밥. 아삭아삭 씹히는 맛이 일품이에요. 찬밥과 깍두기만 있으면 간단하게 만들어 맛있게 먹을 수 있는 훌륭한 한 끼 식사가 뚝딱 완성 돼요.

아 삭 아 삭

# 깍두기 볶음밥

2~3인분  20분

## 재료
밥 2공기, 깍두기(익은 것) 1컵(130g),
스팸 100g, 양파 1/2개, 포도씨유 2,
깍두기 국물 1/2컵, 고추장 0.5,
맛술 1, 통깨 약간, 참기름 1,
소금·후춧가루 약간씩,
달걀 프라이 2개

## 대체 식재료
깍두기 ▶ 총각무 김치

깍두기, 스팸, 양파는 굵게
다진다.

tip 깍두기 볶음밥은 꼭 익은 깍두기
로 만들어야 맛있어요.

팬에 포도씨유 2를 두르고
깍두기, 스팸, 양파를 넣고
볶는다.

깍두기 국물 1/2컵, 고추장
0.5, 맛술 1을 넣고 볶다가 뚜
껑을 덮고 깍두기를 익힌다.

물기가 없어지면 밥을 넣고
볶다가 통깨 약간, 참기름 1을
넣고 소금과 후춧가루로 간하
고 달걀 프라이를 곁들인다.

tip 김가루를 뿌려도 맛있어요.

### PETIT COOKING CLASS

깍두기 담그는 법

**주재료 :** 무 1개
**무 절임물 재료 :** 소금 3, 물 1컵
**양념 재료 :** 고춧가루 1/2컵, 찹쌀 2, 물 1/2컵, 새우젓 2, 멸치액젓 2,
다진 마늘 1, 양파즙 1, 멸치가루 0.5, 배즙 3, 다진 생강 0.3, 설탕 1,
송송 썬 쪽파 100g

**만드는 법 :** 무를 주사위 모양으로 썰어 소금물에 1시간 정도 절여 물로 헹궈
체에 밭쳐 물기를 뺀다. 냄비에 찹쌀과 물을 넣고 잘 저어 찹쌀풀을 만들어
양념 재료를 모두 넣고 잘 버무린다. 무에 양념의 4분의 3 정도만 넣고
버무린 다음 간을 보면서 나머지 양념으로 간을 맞춘다.

**04** / Chapter 4

볶음밥 10

파 송송~ 달걀 탁!

# 파 볶음밥

파 볶음밥이라니! 그 맛이 궁금하
시죠? 어쩌면 맛이 없다고 생각
하는 분도 있을지 모르겠어요. 그
런데 우리 딸내미들은 한동안 파
볶음밥만 해달라고 졸라대기도
했어요. 파가 이런 대단한 맛을
낸다는 사실이 놀라울 정도이니
기대하셔도 좋아요.

2~3인분    10분

● **재료**
밥 2공기, 대파 3대, 달걀 4개,
식용유 적당량,
소금·후춧가루 약간씩

대파는 송송 썰고
달걀은 소금을 약간
넣어 잘 푼다.

팬에 식용유를 두르
고 밥을 넣고 소금으
로 간해서 볶는다.

달군 팬에 식용유를
넉넉히 두르고 썰어
놓은 대파를 넣고 센
불로 볶다가 약한
불로 줄이고 달걀물
을 넣고 볶는다.

tip 스크램블하듯 재빨리
섞어 70% 정도 몽글
몽글하게 부풀 때까
지 볶으세요.

볶아놓은 밥을 넣고
소금과 후춧가루로
간한다.

tip 볶음 주걱보다는 기
다란 튀김용 젓가락
으로 볶는 게 편해요.

**PETIT COOKING CLASS**

파 볶음밥이 뜨거울 때 바로
냉동실에 넣었다가 나중에 팬에
데우면 고슬고슬 갓 볶은
볶음밥처럼 먹을 수 있어요.

**05** / Chapter 4
복음밥 10

마늘만 있으면 OK

# 마늘 볶음밥

알리오 올리오라는 스파게티를
만들다가 생각해낸 요리예요. 아
이들도, 엄마도 너무 맛있게 먹는
초간단 볶음밥이랍니다. 불을 끄
고 파르메산 치즈가루를 넣는 게
쿠킹 포인트예요.

2~3인분    10분

● 재료
밥 2공기, 마늘 16쪽,
올리브오일 4,
소금·후춧가루 약간씩,
파르메산 치즈가루 2

마늘은 얇게 저며
썬다.

팬에 올리브오일 4를
두르고 마늘을 넣고
볶는다.

마늘이 노릇노릇해
지면 밥을 넣고 볶
는다.

tip 달걀 4개를 풀어 같이
볶아도 맛있어요.

소금과 후춧가루로
간해서 살짝 볶다가
불을 끄고 파르메산
치즈가루 2를 넣고
섞는다.

PETIT COOKING CLASS

볶음밥에 간할 때는 허브 솔트를
넣어도 맛있어요. 또 볶음밥을
만들 때에는 너무 많은 양을
한꺼번에 볶는 것보다 1인분씩
볶아야 맛있어요.

일본 된장으로 만든 소스로 볶은 볶음밥이에요. 그 맛이 어떨지 궁금하죠! 돈가스집에서 딸려 나오는 일본 된장국 맛을 상상하면 안 돼요. 매콤한 청양고추를 넣어 개운한 볶음밥이랍니다.

일본 된장을 넣은 개운한

# 돼지고기 부추 볶음밥

RECIPE

 2~3인분   20분

### 주재료
밥 2공기, 돼지고기 목살 200g,
양파 1/2개, 부추 30g, 청양고추 4개,
식용유 적당량, 다진 마늘 1,
후춧가루 약간, 버터 0.5

### 소스 재료
일본 된장(미소) 2, 맛술 2,
간장 0.5, 설탕 0.5

### 대체 식재료
돼지고기 목살 ▶ 돼지고기 삼겹살

돼지고기는 가로, 세로 1cm 크기로 썰고 양파는 굵게 다지고 부추와 청양고추는 송송 썬다.

일본 된장 2, 맛술 2, 간장 0.5, 설탕 0.5를 섞는다.

팬에 식용유를 두르고 다진 마늘과 양파를 넣어 볶는다.

양파가 투명해지면 돼지고기와 청양고추를 넣어 볶다가 소스를 넣고 볶는다.

tip 청양고추는 밥을 넣기 전에 볶아야 더 얼큰해요.

고기가 익으면 밥을 넣고 볶는다.

부추, 후춧가루 약간, 버터 0.5를 넣고 가볍게 섞는다.

PETIT COOKING CLASS

돼지고기는 얇게 썰어야 식감이 좋아요. 또 청양고추는 취향에 맞게 가감하세요.

둘째를 낳고 몸조리하면서 친척집에서 먹었던 새우 맛을 아직도 잊지 못해요. 어찌나 많이 먹었
는지 보는 사람들이 놀랄 정도였어요. 아이를 낳으면서 입맛도 변한다고 하지요. 그때 이후로 새
우가 들어간 요리는 뭐든지 좋아해요. 새우가 먹고 싶을 때에는 고소한 새우 볶음밥을 만들어요.

담 백 하 고  고 소 한

# 새우 볶음밥

RECIPE

2~3인분  20분

● 재료
밥 2공기, 새우살 2컵(200g),
피망 1/2개, 빨강 피망 1/2개,
양파 1/2개, 식용유 적당량,
소금·후춧가루 약간씩,
달걀 2개, 굴소스 1

● 대체 식재료
새우살 2컵 ▶ 화이트새우 20마리

새우살은 이쑤시개를 이용해 등 쪽의 검은 내장을 제거한다.

손질한 새우살은 물에 씻고 피망, 빨강 피망, 양파는 굵게 다진다.

팬에 식용유를 두르고 밥을 넣어 볶다가 소금과 후춧가루로 간한다.

팬에 피망, 빨강 피망, 양파를 넣고 볶다가 새우살을 넣고 살짝 볶은 다음 소금과 후춧가루로 간한다.

tip 마늘을 편으로 썰어 넣으면 밥에 마늘 향이 배어 더 맛있어요.

팬에 식용유를 넉넉히 두르고 달걀을 잘 풀어 스크램블한다.

스크램블한 팬에 볶은 밥과 채소를 넣어 섞고 굴소스 1을 넣고 볶다가 소금과 후춧가루로 간한다.

PETIT COOKING CLASS

달걀을 스크램블할 때는
식용유를 넉넉히 둘러야 쉽게
만들 수 있어요. 볶음밥 재료는
각각 간을 해서 볶으면
더 맛있어요.

중국식 볶음밥 하면 느끼해서 꺼리는 분도 있을 거예요. 고추기름을 넣어 중국 요리의 느끼함도 잡고, 누구나 좋아하는 짜장 소스를 듬뿍 올려 비벼 먹는 게살 볶음밥이에요. 담백한 게살 볶음 밥 한그릇이면 하루가 든든해요.

느끼하지 않은 중국식

# 게살 볶음밥

**2~3인분**  **30분**

### ◉ 주재료
밥 2공기, 냉동 게살 150g,
당근 40g, 오이 40g, 대파 1/2대,
식용유 적당량, 고추기름 4,
다진 마늘 1, 달걀 4개.
소금·후춧가루 약간씩

### ◉ 짜장 소스 재료
다진 돼지고기 60g,
감자(작은 것) 1/2개,
양파(중간 것) 1/2개, 호박 20g,
양배추 20g, 식용유 4, 춘장 2,
청주 1, 물 2컵, 간장 1, 굴소스 1,
설탕 1, 후춧가루 약간

### ◉ 녹말물 재료
감자녹말 2, 물 2

### ◉ 대체 식재료
대게살 ▶ 게맛살

게살은 4cm 길이로 썰고 당근과 오이는 편으로 썰고 대파는 다지고 짜장 소스의 채소는 모두 잘게 다진다.

팬에 식용유 4를 두르고 춘장 2를 넣고 충분히 볶다가 돼지고기, 감자, 양파, 호박, 양배추, 청주 1을 넣고 볶는다.

tip 식용유를 넉넉히 두르고 춘장을 충분히 볶아야 맛있어요.

짜장 소스에 물 2컵을 넣고 끓이다가 간장 1, 굴소스 1, 설탕 1, 후춧가루를 약간 넣고 녹말물로 농도를 조절한다.

팬에 식용유를 두르고 밥을 넣고 소금으로 간해서 볶는다.

팬을 달구어 고추기름 4를 두르고 다진 마늘 1, 다진 파, 당근을 넣고 센 불로 살짝 볶다가 오이와 게살을 넣어 볶는다.

tip 중국 요리는 센 불에서 재빨리 볶아야 향이 달아나지 않고 맛있어요.

팬에 식용유를 두르고 달걀을 잘 풀어 스크램블하다가 볶아놓은 재료를 넣고 볶다가 소금과 후춧가루로 간하고 짜장 소스를 곁들인다.

**PETIT COOKING CLASS**

볶음밥을 만들 때에는 번거로워도 밥을 따로 볶아야 밥에 기름이 배어 윤기가 흐르고 맛도 좋아요. 또 팬에 밥을 볶을 때에는 주걱 등으로 밥을 자르듯이 볶아야 밥이 뭉치지 않고 고슬고슬해요.

신선한 채소와 비벼 먹는 재미있는 볶음밥이에요. 짭조름한 날치알이 입안에서 톡톡 터져 밥을 잘 안 먹는 아이들도 맛있게 먹어요. 고소한 맛이 일품인 날치알 비빔 볶음밥으로 사라진 입맛을 잡으세요.

씹 는 재 미 로 먹 는

# 날치알 비빔 볶음밥

2~3인분 · 30분

**재료**

밥 2공기, 양파 1/4개, 스팸 100g,
옥수수(통조림) 2, 식용유 적당량,
굴소스 1, 소금 약간, 달걀 3개,
후리가케 약간, 날치알 5,
베이비 채소·마요네즈 약간씩

**대체 식재료**

베이비 채소 ▶ 치커리 또는
　　　　　　　샐러드 채소

양파와 스팸은 굵게 다진다.

tip 당근을 넣으면 색감도 예쁘고 영
양에도 좋아요.

팬에 식용유를 두르고 양파,
스팸, 옥수수를 넣고 볶는
다.

양파가 투명해지면 밥을 넣
고 볶다가 굴소스 1과 소금
으로 간한다.

달걀 3개에 소금을 약간 넣
고 잘 푼다.

팬에 식용유를 넉넉히 두르
고 달걀물을 부어 스크램블
한다.

tip 튀김용 젓가락으로 재빨리 저으
세요.

컵에 랩을 씌우고 밥을 담고
후리가케, 날치알, 스크램블
드에그, 베이비 채소 순으로
올리고 마요네즈를 뿌린다.

주말이면 특식을 원하는 가족들을 위해 간단하지만 근사한 만찬을 준비해요. 소스에 버무려 먹는 오므라이스는 아이도 남편도 좋아하는 음식이에요. 근사한 레스토랑에 온 것처럼 주말에 가족들과 외식 기분을 내보세요.

# 오므라이스

2~3인분　30분

**주재료**
밥 2공기, 햄 100g,
피망 1/4개, 빨강 피망 1/4개,
양파 1/4개, 달걀 3개, 식용유 적당량,
소금·후춧가루 약간씩

**오므라이스 소스 재료**
양송이버섯 2개, 양파 1/4개,
토마토케첩 2, 돈가스 소스 2.5,
바비큐 소스 1, 흑설탕 약간,
레드 와인 1, 버터 1, 물 1/2컵,
후춧가루 약간

햄, 피망, 빨강 피망, 양파는
굵게 다진다.

양송이버섯은 저며 썰어 팬
에 넣고 양파, 토마토케첩 2,
돈가스 소스 2.5, 바비큐 소
스 1, 흑설탕 약간, 레드 와
인 1, 버터 1을 넣고 볶다가
물 1/2컵을 붓고 후춧가루
를 약간 넣어 끓인다.

팬에 식용유를 두르고 햄, 피
망, 빨강 피망, 양파를 넣고
볶다가 밥을 넣고 볶는다.

밥이 재료와 잘 버무려지면
오므라이스 소스를 약간 넣
고 소금으로 간한다.

다른 팬에 달걀을 풀어 얇게
부친다.

달걀부침에 볶음밥을 넣어
감싸고 오므라이스 소스를
뿌린다.

　tip 달걀이 흐르지 않을 정도로 익었
　　　 을 때 밥을 넣고 감싸야 모양을
　　　 잡기가 쉬워요.

**PETIT COOKING CLASS**

체다 치즈나 모차렐라 치즈를
얹어 전자레인지에 살짝 돌린
다음 마요네즈나 토마토케첩을
곁들여도 맛있어요.

# Cooking
# Know-how

**★ 국밥 쿠킹 노하우**

◉ 국에 밥을 넣고 끓이는 국밥은 너무 오래 끓이면 밥이 퍼지니 살짝 데운다
는 느낌으로 부르르 끓여야 합니다.

◉ 국물이 끓을 때에는 꼭 거품을 걷어내야 국물이 맑습니다.

◉ 다시마 육수를 우릴 때에는 약한 불로 뭉근히 끓여야 깊은 맛이 납니다.

◉ 육수를 사용할 때에는 맹물보다는 쌀뜨물로 만들면 맛이 더 좋습니다.

국물에 말아
먹는 **국밥**
10

# Chapter.5

추운 날에는 시원한 국물을 먹어야 속도 든든하고 몸도 따뜻해지지요. 겨울 아침상에는 뜨끈한 국밥을 올려야 마음이 편해요. 특히 콩나물국밥은 과음한 남편을 위한 해장 음식으로도 좋아요.

속 이  편 안 한

# 콩나물 국밥

RECIPE

2~3인분    30분

### 주재료
밥 2공기, 배추김치(익은 것) 2장,
대파·청양고추 약간씩, 콩나물 100g,
다진 마늘 0.5, 달걀 2개,
소금·통깨 약간씩

### 육수 재료
물 5컵, 무 50g, 북어 1/2마리
다시마(10×10cm) 2장, 마늘 5쪽
국물용 멸치 1줌, 후춧가루 약간

### 다대기 재료
육수 1, 조선간장 0.5, 고춧가루 1,
후춧가루 약간

### 대체 식재료
북어 ▶ 북어 대가리 또는
　　　 코다리 대가리

배추김치, 대파, 청양고추는
잘게 썬다.

냄비에 물 5컵, 무, 북어, 다
시마, 마늘, 국물용 멸치, 후
춧가루를 넣고 끓기 시작하
면 다시마는 건져내고 약한
불로 줄이고 10분 정도 끓여
체에 거른다.

육수 1, 조선간장 0.5, 고춧
가루 1, 후춧가루 약간을 섞
어 다대기를 만든다.

끓는 물에 콩나물을 데친다.

육수에 밥 2공기, 다진 마늘
0.5를 넣어 살짝 끓이다가
데친 콩나물을 넣고 끓인다.

tip 밥은 끓이지 않고 따로 내도 돼요.

잘게 썬 대파, 달걀, 소금을
약간 넣어 한소끔 끓이고 새
우젓, 다대기, 배추김치, 청양
고추, 통깨를 곁들인다.

tip 쇠고기 장조림을 올려도 맛있어요.

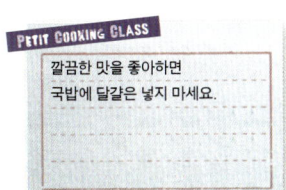

PETIT COOKING CLASS

깔끔한 맛을 좋아하면
국밥에 달걀은 넣지 마세요.

'바다의 우유'로 불리는 굴은 칼슘과 아연, 무기질이 풍부해 남성들의 건강에 좋다고 하지요. 또 칼슘과 철분이 풍부해 뼈를 튼튼하게 하고 피부를 탄력 있게 한다니 남녀노소 모두에게 좋은 식품이에요. 굴이 제철일 때 가장 맛있는 밥은 싱싱한 굴을 넣은 굴국밥일 거예요.

바다의 우유로 지은

# 굴국밥

**2~3인분**  **30분**

### 주재료
밥 2공기, 두부 1/3모,
불린 미역 1줌(30g), 부추 약간,
굴 2컵, 소금 약간, 다진 마늘 0.5,
조선간장 1, 달걀노른자 2개분

### 육수 재료
물 6컵, 다시마(10×10cm) 2장,
무 50g, 국물용 멸치 1줌

### 다대기 재료
육수 1, 고춧가루 1, 후춧가루 약간

### 대체 식재료
미역 ▶ 매생이

두부는 가로, 세로 1.5cm 크기로 썰고 불린 미역은 2cm 길이로 썰고 부추는 잘게 썬다.

굴은 옅은 소금물에 씻어 물기를 뺀다.

냄비에 물 6컵을 붓고 다시마와 무를 넣고 끓으면 다시마는 건져내고 국물용 멸치를 넣어 약한 불로 줄이고 10분 정도 끓여 체에 거른다.

tip 육수를 만들 때 북어 대가리를 넣으면 훨씬 시원한 맛이 나요.

육수 1, 고춧가루 1, 후춧가루 약간을 섞어 다대기를 만든다.

뚝배기에 육수, 밥 2공기, 두부, 미역, 다진 마늘 0.5를 넣어 거품을 걷어내며 살짝 끓인다.

tip 뚝배기에 끓이면 잘 식지 않아 맛있게 먹을 수 있어요.

잘게 썬 부추, 조선간장 1, 소금 약간, 달걀노른자를 넣고 다대기를 곁들인다.

얼큰한 육개장이 먹고 싶은데 후다닥 만들 수 없어 꿩 대신 닭이라고 매운 굴국밥을 만들었어 요. 재료도 간단하고 만드는 법도 간단해요. 시원하고 칼칼한 맛에 이끌려 굴을 싫어하는 사람 들도 맛있게 먹을 수 있어요.

얼큰한 육개장 대신 후다닥

# 매운 굴국밥

 **2~3인분**  **30분**

### 주재료
밥 2공기, 삶은 고사리 2줌,
애호박 1/5개, 당근 1/5개,
양파 1/4개, 맛타리버섯 1/2팩(100g),
당면 1줌(30g), 굴 2컵, 고춧가루 2,
조선간장 1.5, 참치진국 1.5,
다진 마늘 1, 다진 파 3, 참기름 1,
후춧가루 약간, 달걀 1개

### 육수 재료
물 6컵, 다시마(10×10cm) 2장,
무 100g, 국물용 멸치 1줌

### 대체 식재료
삶은 고사리 ▶ 삶은 토란대

삶은 고사리는 4~5cm 길이로 썰고 애호박, 당근, 양파는 채 썰고 맛타리버섯은 가늘게 찢는다.

당면은 30분 정도 물에 불린다.

냄비에 물 6컵, 다시마, 무를 넣고 끓기 시작하면 다시마는 건져내고 국물용 멸치를 넣어 약한 불로 줄이고 10분 정도 끓여 체에 거른다.

모든 채소를 살짝 데치고 굴은 옅은 소금물에 씻는다.

데친 채소에 고춧가루 2, 조선간장 1.5, 참치진국 1.5, 다진 마늘 1, 다진 파 3, 참기름 1, 후춧가루 약간을 넣고 버무린다.

육수에 버무린 채소를 넣고 거품을 걷어가며 뭉근히 끓이다가 밥 2공기, 굴, 당면, 달걀 1개를 풀어 넣고 소금으로 간한다.

tip 빨간 국물은 거품을 걷어가며 끓여야 국물이 탁하지 않아요.

**PETIT COOKING CLASS**

양념을 해서 끓이는 국은 뭉근히 끓여야 재료의 맛이 육수에 배어나와요.

**04** / Chapter 5
국물에 말아 먹는 국밥 10

그 겨울 최고의 밥

# 김치말이밥

배고프다며 칭얼대는 동생들을
위해 일 나가신 엄마를 대신해
큰언니가 만들어준 김치말이밥
은 잊을 수 없는 음식이에요. 저
는 지금도 김치말이밥을 먹으면
속이 뻥 뚫리는 것 같아요.

2~3인분   20분

● **재료**

밥 2공기, 배추김치(익은 것) 4장,
오이 1/2개, 김치 국물 1컵,
멸치 육수 2컵, 설탕 1, 식초 2,
소금 약간, 다진 파 1, 참기름 2,
깨소금 약간

배추김치는 잘게 썰
고 오이는 채 썬다.

김치 국물 1컵, 멸치
육수 2컵, 설탕 1, 식
초 2, 소금 약간을 섞
어 냉동실에서 살
얼음이 생길 때까지
얼린다.

tip 김치말이밥에 넣는
멸치 육수는 멸치를
마른 팬에 볶아 육수
를 내야 비린 맛이 나
지 않아요.

김치에 다진 파 1,
참기름 2, 깨소금 약
간을 넣어 고루 버
무린다.

대접에 밥을 담고
양념한 김치와 오이
를 올리고 육수를
붓는다.

tip 얼음을 동동 띄우면
시원하게 먹을 수 있
어요.

RECIPE

**05** / Chapter 5
국물에 말아 먹는 국밥 10

속이 확 풀리는

# 고구마
# 김치국밥

친한 동생이 김치국밥에 고구마를 넣으면 맛있다고 해서 만들어 봤어요. 김치의 얼큰한 맛과 고구마의 달콤한 맛이 잘 어울려요. 고구마와 가래떡이 들어가 먹고 나면 속도 든든해요.

( 2~3인분 )  ( 30분 )

● **주재료**
밥 2공기, 고구마 1개(150g),
가래떡 1/3줄(80g),
배추김치(익은 것) 2장, 대파 약간,
다진 마늘 0.5,
소금·후춧가루 약간씩

● **육수 재료**
물 6컵, 다시마(10×10cm) 2장,
국물용 멸치 1줌

고구마와 가래떡은 한입 크기로 썰고 배추김치와 대파는 잘게 썬다.

*tip* 호박고구마로 만들면 더 달고 맛있어요.

냄비에 물 6컵을 붓고 다시마를 넣고 끓으면 다시마는 건져내고 국물용 멸치를 넣어 약한 불로 줄이고 10분 정도 끓여 체에 거른다.

냄비에 육수, 고구마, 가래떡, 배추김치, 다진 마늘 0.5를 넣고 거품을 걷어내며 끓인다.

*tip* 김치는 꼭 익은 김치를 넣어야 맛있어요.

떡을 넣고 끓이다가 떡이 떠오르면 다진 대파를 넣고 소금과 후춧가루로 간하여 밥을 담은 그릇에 넣는다.

큰아이가 좋아하는 건더기가 풍성한 육개장 국밥이에요. 어렸을 때부터 얼큰한 국물을 너무 좋아해서 "오늘 뭐 만들어줄까?"라고 물으면 어김없이 "육개장이요"라고 했어요. 육개장은 손이 좀 가는 음식이라 만들 때 넉넉히 만들어 두고 드세요.

넉 넉 하 게  끓 여 야  제 맛  나 는

# 육개장 국밥

RECIPE

 4~5인분   40분

### 주재료
밥 4공기, 쇠고기(양지) 500g,
삶은 고사리 2줌, 삶은 토란대 2줌,
참타리버섯 2줌, 숙주 1/2봉(150g),
대파 1대, 소금·후춧가루 약간씩

### 쇠고기 삶는 물 재료
물 12컵, 대파 2대, 양파 1/2개,
마늘 5쪽, 청주 1, 후춧가루 약간

### 양념 재료
매운 고춧가루 3.5, 조선간장 2,
참치진국 3, 초피액젓 1, 다진 마늘 2,
소금 0.5, 참기름 1, 후춧가루 약간

### 대체 식재료
쇠고기 ▶ 닭고기
참타리버섯 ▶ 느타리버섯

냄비에 물 12컵을 붓고 쇠고
기, 대파, 양파, 마늘, 청주, 후
춧가루를 넣어 끓기 시작하
면 뚜껑을 덮고 약한 불로 1
시간 정도 끓여 체에 걸러
육수와 쇠고기만 준비한다.

tip 쇠고기는 찬물에 담가 핏물을 빼
고 사용하세요.

삶은 쇠고기는 결대로 찢는다.

삶은 고사리, 삶은 토란대,
참타리버섯, 숙주, 대파는 먹
기 좋은 크기로 썰어 끓는
물에 살짝 데쳐 물기를 꼭
짠다.

매운 고춧가루 3.5, 조선간장
2, 참치진국 3, 초피액젓 1,
다진 마늘 2, 소금 0.5, 참기
름 1, 후춧가루 약간을 섞어
양념장을 만든다.

tip 참기름 대신 고추기름을 넣으면
칼칼해요.

결대로 찢은 쇠고기와 데친
나물에 양념장을 넣어 조물
조물 무친다.

육수에 양념한 쇠고기와 나
물을 넣고 거품을 건져가며
뭉근히 끓이다가 소금과 후
춧가루로 간하여 밥을 담은
대접에 넣는다.

tip 양념한 재료를 넣고 뭉근히 끓여야
육수에 제대로 맛이 배어요.

밥을 말아 먹으면 속도 편해서 짬뽕밥을 자주 만들어 먹어요. 특히 감기에 걸렸을 때 홍합 짬뽕밥을 먹으면 코가 뻥 뚫리고 힘이 나요.

면 대신 밥

# 홍합 짬뽕밥

목이버섯은 따뜻한 물에 불리고 당면은 30분 정도 불린다.

tip 설탕물에 버섯을 넣고 전자레인지에 2~3분 정도 익히면 빨리 불릴 수 있어요.

홍합은 깨끗이 다듬어 씻고 오징어는 먹기 좋게 썰고 배추잎, 양파, 당근은 채 썬다. 대파는 어슷 썰고 불린 목이버섯은 먹기 좋게 손으로 찢는다.

팬에 식용유 2를 두르고 대파와 다진 마늘 0.5를 넣어 볶는다.

tip 식용유 대신 고추기름으로 볶으면 칼칼하고 개운한 맛이 나요.

## 주재료
밥 2공기, 목이버섯 2개, 당면 1줌(30g), 홍합 400g, 오징어 1/4마리, 배추 잎 1장, 양파 1/4개, 당근 약간(20g), 대파 1/2대, 식용유 2, 다진 마늘 0.5

## 양념 재료
고춧가루 1.5, 간장 1, 맛술 1, 굴소스 0.3, 생강가루 약간, 물 3컵, 소금·후춧가루 약간씩

## 대체 식재료
배추 ▶ 청경채

대파가 투명해지면 배추 잎, 양파, 당근을 넣어 볶다가 고춧가루 1.5, 간장 1, 맛술 1, 굴소스 0.3, 생강가루 약간을 넣고 볶는다.

홍합과 오징어를 넣어 볶다가 홍합이 입을 열기 시작하면 물 3컵 붓고 거품을 걷어가며 끓인다.

불린 당면을 넣어 버무린 다음 소금과 후춧가루로 간하고 밥과 함께 낸다.

tip 청양고추를 넣으면 더 얼큰해요.

PETIT COOKING CLASS

홍합은 금방 상할 수 있으니 구입한 즉시 깨끗이 씻어 찌거나 삶아서 보관하세요.

한여름 더위에 지쳤을 때 삼계탕 대신 끓여 먹어요. 만들기도 쉽고 재료도 그리 많지 않아 삼계탕
보다는 닭곰탕으로 보양식을 대신한답니다. 구수한 육수와 야들야들한 닭고기가 여름 몸보신
으로 최고예요.

푸짐하게 먹는 보양식

# 닭곰탕

3~4인분  1시간

● **주재료**
밥 3공기, 당면 1줌(30g), 닭 1kg,
밀가루 약간, 대파 1대, 마늘 10쪽,
청주 2, 소금 1, 후춧가루 약간,
물 10컵, 소금 약간

● **양념장 재료**
닭 육수 5, 고춧가루 1, 간장 3,
조선간장 1, 참치진국 1, 초피액젓 1,
다진 파 4

당면은 물에 담가 30분 정도 불리고 닭은 밀가루를 뿌려 문지른 후 물에 씻는다.

tip 닭은 손질된 볶음용 닭 한 마리로 준비하세요.

냄비에 닭, 대파, 마늘, 청주 2, 소금 1, 후춧가루 약간, 물 10컵을 부어 센 불로 거품을 건어가며 끓인다.

10분 정도 지나면 약한 불로 줄여 40분 정도 푹 끓인다.

불린 당면을 넣어 끓이다가 소금으로 간한다.

닭 육수 5, 고춧가루 1, 간장 3, 조선간장 1, 참치진국 1, 초피액젓 1, 다진 파 4를 섞어 양념장을 만든다.

그릇에 따끈하게 데운 밥을 담고 닭고기를 올리고 육수를 부어 양념장을 곁들인다.

**PETIT COOKING CLASS**

닭을 끓일 때 인삼이나 대추를 넣으면 닭의 잡냄새도 제거되고 몸보신으로도 좋아요.

**09** / Chapter 5
국물에 말아 먹는 국밥 10

아 침 에 즐 겨 먹 는
# 북어 해장국밥

집에 술 먹는 사람이 없는데도 북엇국의 담백하고 깔끔한 맛에 반해 자주 끓여 먹어요. 특히 아침 메뉴로 북어 해장국밥만한 메뉴가 없어요. 남편과 아이들 모두 아침의 북어 해장국밥을 좋아한답니다.

**2~3인분** · **30분**

● **주재료**
밥 2공기, 북어 30g, 콩나물 1줌(50g), 두부 1/4모, 다진 파 1, 다진 마늘 0.5, 조선간장 0.5, 소금 약간, 달걀 2개

● **다대기 재료**
새우젓 1, 고춧가루 0.5, 후춧가루 약간

● **육수 재료**
물 6컵, 무 100g, 다시마(10×10cm) 3장, 양파 1/2개, 대파 1/2대, 국물용 멸치 1줌

북어는 물에 살짝 담갔다가 건져 물기를 꼭 짜서 먹기 좋은 크기로 썰고 두부도 먹기 좋은 크기로 썬다.

**tip** 통북어를 방망이로 두들겨 찢어서 사용해도 좋아요.

새우젓 1, 고춧가루 0.5, 후춧가루 약간을 넣어 다대기를 만든다.

냄비에 물 6컵을 붓고 무, 다시마, 양파, 대파를 넣고 끓으면 다시마는 건져내고 국물용 멸치를 넣어 약한 불로 줄이고 10분 정도 끓여 체에 거른다.

육수에 콩나물과 북어를 넣어 끓이다가 콩나물이 익으면 두부, 다진 파 1, 다진 마늘 0.5, 조선간장 0.5, 소금으로 간하고 밥과 함께 달걀과 다대기를 곁들인다.

**tip** 달걀은 뜨거울 때 넣어야 비린 맛이 없어요.

RECIPE

**10** / Chapter 5
국물에 말아 먹는 국밥 10

현미녹차로 구수한 맛을 낸

# 명란 오차즈케

오차즈케는 녹차 우린 물에 밥과
각종 재료를 넣어 말아 먹는 일
본 밥이에요. 저처럼 오차즈케가
익숙하지 않다면 구수한 현미녹
차 티백을 이용하세요.

---

( 2~3인분 )　( 10분 )

● **재료**
밥 2공기, 명란젓 2덩이,
현미녹차 티백 2개, 따끈한 물 3컵,
참기름 1, 후리가케·통깨 약간씩

● **대체 식재료**
명란 ▶ 연어

현미녹차 티백은 따
뜻한 물 3컵을 부어
우린다.
**tip** 너무 뜨거운 물로 녹
　　차를 우리면 떫은맛
　　이 나요.

팬에 참기름 1을 두르
고 명란젓을 굽는다.
**tip** 명란은 취향껏 익히
　　세요.

구운 명란젓을 먹기
좋은 크기로 썰어
통깨를 뿌린다.

밥 1공기에 구운 명
란젓을 올리고 후리
가케를 뿌린 다음
현미녹차 우린 물을
붓는다.

# Cooking
# Know-how

**★덮밥 쿠킹 노하우**

- ○ 덮밥은 대부분 국물이 있어서 밥이 질면 맛이 없습니다.
- ○ 덮밥은 김가루, 달걀 프라이, 쪽파, 치즈, 깻잎채 등의 다양한 고명을 얹어 먹으면 더 맛있습니다.
- ○ 덮밥에 튀김을 곁들일 때에는 먹기 직전에 튀겨야 합니다.
- ○ 팬을 충분히 달구고 재료를 볶으면 음식의 맛과 향이 좋습니다.

덮밥
17

# Chapter.6

며칠을 앓고 난 큰아이에게 죽이 아닌 오징어 덮밥을 만들어주니 아주 맛있게 먹고 건강을 되찾
았던 기억이 있어요. 입맛을 잃었을 때, 매운 요리가 당기는 날 만들면 좋아요.

RECIPE

불끈불끈 힘이 나는

# 오징어 덮밥

2~3인분 · 20분

### 주재료
밥 2공기, 오징어 1마리(300g),
소금 약간, 양파 1/2개, 양배추 약간,
청양고추 1개, 홍고추 1개, 부추 약간,
대파 1/2대, 식용유 3,
참기름·통깨 약간씩

### 양념 재료
고추장 2, 고춧가루 1.5, 간장 1,
맛술 1, 물엿 2, 다진 마늘 1,
다진 생강·후춧가루 약간씩

### 대체 식재료
부추 ▶ 미나리

오징어는 소금으로 문질러 껍질을 벗긴다.

Tip 키친타월로 껍질을 벗겨도 잘 벗겨져요.

오징어는 먹기 좋은 크기로 썰고 양파, 양배추, 청양고추, 홍고추는 어슷하게 썰고 부추와 대파는 4~5cm 길이로 썬다.

고추장 2, 고춧가루 1.5, 간장 1, 맛술 1, 물엿 2, 다진 마늘 1, 다진 생강과 후춧가루 약간씩을 섞어 양념장을 만든다.

Tip 생물 오징어는 양념장에 20분 정도 미리 재워두면 간이 배어 맛있어요.

팬에 식용유 3을 두르고 양념장을 넣고 1분 정도 볶는다.

볶은 양념에 양파와 양배추를 넣고 볶다가 양배추가 투명해지면 오징어를 넣어 볶는다.

오징어가 익으면 청양고추, 홍고추, 부추, 대파를 넣고 재빨리 볶다가 참기름과 통깨 약간씩을 넣어 섞고 밥 위에 얹는다.

**PETIT COOKING CLASS**

오징어볶음은 물이 생기지 않도록 팬을 달구어 센 불에서 재빨리 볶는 게 맛의 포인트예요. 물이 생겼을 때에는 녹말물을 조금 넣으면 돼요. 또 깻잎채를 곁들이면 더 맛있어요.

신혼 때 매콤하다 못해 입이 마비될 정도의 매운맛으로 무장한 무교동 낙지볶음을 먹고 나서 태어나 처음으로 위통을 앓았다는 남편을 위해 우리집 낙지볶음을 만들게 됐어요. 매콤하면서도 달콤한 맛으로 식구들 입맛을 사로잡아보세요.

무교동 낙지볶음이 스승

# 낙지 덮밥

 2~3인분   20분

### 주재료
밥 2공기, 낙지 1마리(300g),
청주 약간, 양파 1/2개, 양배추 약간,
당근 약간, 쪽파 1줌, 청양고추 3개,
콩나물 2줌,
참기름·소금·통깨 약간씩,
고추기름 5

### 양념 재료
고추장 1, 고춧가루 1.5, 간장 2,
맛술 2, 설탕 0.5, 물엿 0.5,
다진 마늘 0.5,
다진 생강·후춧가루 약간씩

### 대체 식재료
낙지 ▶ 주꾸미

낙지는 손질하여 끓는 물에 청주를 약간 넣고 살짝 데친다.

tip 낙지는 밀가루나 굵은소금을 뿌려 빨판을 꼼꼼히 닦으세요.

양파, 양배추, 당근, 쪽파는 채 썰고 청양고추는 어슷하게 썬다.

tip 더 매운맛을 내고 싶다면 캡사이신을 넣으세요.

콩나물은 끓는 물에 데쳐 참기름과 소금 약간씩을 넣어 조물조물 무친다.

고추장 1, 고춧가루 1.5, 간장 2, 맛술 2, 설탕 0.5, 물엿 0.5, 다진 마늘 0.5, 다진 생강과 후춧가루 약간씩을 섞어 양념을 만든다.

팬에 고추기름 5를 두르고 양념을 넣어 1분 정도 볶다가 양파, 양배추, 당근, 청양고추를 넣어 볶는다.

양배추의 숨이 죽으면 낙지와 쪽파를 넣고 볶다가 참기름과 통깨 약간씩을 넣고 섞어 밥 위에 얹고 콩나물무침을 곁들인다.

tip 콩나물무침과 함께 먹으면 매운맛이 중화돼요.

**03** / Chapter 6

덮밥 17

국 민 덮 밥

# 제육 덮밥

자신 있는 요리 중 하나가 제육 덮밥이에요. 제육 덮밥 장사하라 며 식구들이 비행기를 태워주는 메뉴이기도 해요. 맛의 비밀은 대 패 삼겹살에 있어요.

PETIT COOKING CLASS

달걀 프라이를 얹어 먹으면 매운맛이 중화되고 맛도 부드러워요.

2~3인분  20분

● 주재료
밥 2공기, 대패 삼겹살 300g, 양파 1/4개, 대파 1/2대, 청양고추 2개, 통깨 0.5

● 양념 재료
고추장 1.5, 간장 0.5, 고춧가루 1, 설탕 0.5, 물엿 1, 맛술 1, 참기름 1, 후춧가루 약간

대패 삼겹살은 3cm 길이로 썰고 양파는 채 썰고 대파와 청양 고추는 잘게 다진다.

볼에 대패 삼겹살, 채 썬 양파, 대파, 고추 장 1.5, 간장 0.5, 고춧 가루 1, 설탕 0.5, 물 엿 1, 맛술 1, 참기름 1, 후춧가루 약간을 넣어 버무린다.

팬에 양념한 삼겹살 을 넣어 약한 불로 볶는다.

삼겹살이 익으면 다 진 청양고추와 통깨 0.5를 넣어 섞고 밥 위에 올린다.

tip 청양고추로 매운맛을 조절하세요.

**04** / Chapter 6

덮밥 17

너 하나면 돼

# 고추 참치
# 덮밥

땀을 흘리며 이 덮밥을 먹으면 마
치 보약 한 대접을 마신 기분이
들어요. 저처럼 가끔 정신줄을 놓
을 때 청양고추 팍팍 넣어 맛보면
정신이 번쩍 드는 약밥이에요.

2~3인분 | 20분

● **재료**
밥 2공기, 참치(통조림) 1통(150g),
양파 1/4개, 당근 1/4개, 피망 1/4개,
식용유 1, 고추장 1.5, 고춧가루 1,
간장 0.3, 물엿 0.5, 맛술 1.5,
다진 파 2, 옥수수(통조림) 2,
물 1/2컵, 후춧가루 약간,
달걀 프라이 2개

● **대체 식재료**
참치 통조림 ▶ 닭 가슴살 통조림

참치는 체에 밭쳐
기름기를 제거한다.

**tip** 양념한 고추 참치로
삼각 주먹밥을 만들
어도 맛있어요.

양파, 당근, 피망은
잘게 썬다.

팬에 식용유를 두르
고 고추장 1.5, 고춧
가루 1, 간장 0.3, 물
엿 0.5, 맛술 1.5를
넣고 볶다가 당근,
양파, 피망, 다진 파
2, 옥수수 2를 넣고
볶다가 양파가 투명
해지면 참치를 넣고
1분 정도 볶는다.

**tip** 매콤한 맛을 즐긴다면
청양고추를 넣으세요.

물 1/2컵을 붓고 끓
으면 후춧가루를 약
간 넣어 섞은 다음
밥 위에 얹고 달걀
프라이를 올린다.

퇴근 후에 밥할 기력은 없지만 밥으로 저녁을 해결하고 싶은 싱글족이나 맞벌이 부부를 위한 구원의 요리는 닭고기 덮밥이에요. 누구라도 만들기 쉽고 맛있게 먹을 수 있거든요.

휘리릭 만드는

# 닭고기 덮밥

RECIPE

 2~3인분   20분

● **주재료**
밥 2공기, 닭 안심 200g,
양파 1/3개, 팽이버섯 약간,
쪽파 4대, 달걀 2개

● **양념 재료**
물 1컵+1/2컵, 참치진국 3.5,
맛술 1, 고춧가루 0.3,
소금·후춧가루 약간씩

● **대체 식재료**
닭고기 ▶ 쇠고기 불고기감

닭고기는 얇게 썬다.

양파는 채 썰고 팽이버섯과
쪽파는 4cm 길이로 썬다.

달걀은 잘 풀어놓는다.

팬에 닭고기, 물 1컵+1/2컵,
참치진국 3.5, 맛술 1, 고춧가
루 0.3을 넣고 끓인다.

닭고기가 익으면 양파와 쪽
파를 넣고 한소끔 끓인다.

양파가 투명해지면 팽이버섯
을 넣고 소금과 후춧가루로
간하여 약한 불로 줄이고 달
걀을 원을 그리듯이 넣어 부
드럽게 익힌 다음 밥 위에 끼
얹는다.

tip 달걀을 넣을 때에는 약한 불로
줄인 다음 넣어야 국물이 탁해지
지 않아요.

잡채밥을 막상 집에서 하려면 엄두가 안 나시죠? 그런데 집에서도 중국집보다 맛있는 잡채밥을 어렵지 않게 만들 수 있어요. 냉장고 자투리 채소를 듬뿍 넣은 잡채밥을 한 그릇 먹고 나면 속이 든든해요.

중국집보다 맛있는

# 잡채밥

RECIPE

( 2~3인분 )　( 30분 )

● **주재료**
밥 2공기, 쇠고기 100g, 애호박 30g,
피망 1/2개, 빨강 피망 1/2개,
양파 1/2개, 맛타리버섯 1줌,
당면 100g, 식용유 적당량,
소금·통깨 약간씩, 참기름 1

● **쇠고기 양념 재료**
간장·청주·후춧가루 약간씩

● **양념장 재료**
물 1/3컵, 간장 2, 맛술 1, 굴소스 1,
후춧가루 약간

● **대체 식재료**
쇠고기 ▶ 돼지고기

쇠고기, 애호박, 피망, 빨강 피망, 양파는 채 썰고 맛타리버섯은 손으로 찢는다.

당면은 물에 담가 불린다.

쇠고기는 간장, 청주, 후춧가루를 약간씩 넣어 밑간한다.

팬에 식용유를 두르고 쇠고기를 볶다가 애호박, 양파, 맛타리버섯을 넣어 볶다가 소금으로 간한다.

tip 고추기름으로 볶으면 매콤하게 맛볼 수 있어요.

쇠고기가 익으면 불린 당면, 피망, 빨강 피망을 넣고 1분 정도 볶는다.

물 1/3컵, 간장 2, 맛술 1, 굴소스 1, 후춧가루 약간을 넣고 당면이 익으면 참기름 1, 통깨 약간을 넣어 섞은 다음 밥 위에 얹는다.

tip 국물이 자박해야 촉촉하게 먹을 수 있어요.

묵은지가 많을 때에는 묵은지를 달달 볶아서 만드는 덮밥이나 볶음밥을 많이 하게 되는데요.
잘게 썬 돼지고기에 묵은지를 볶으면 기름기가 김치에 배어 촉촉하니 맛있어요. 장을 보지 않은
날 저녁을 차려야 할 때 김치 덮밥을 만들어요.

# 장 안 본 날
# 김치 덮밥

**2~3**인분    **20**분

### ● 주재료
밥 2공기, 돼지고기 100g,
배추김치(익은 것) 4~5장, 쪽파 2대,
식용유 적당량, 다진 양파 2,
물 1/4컵, 참기름 1, 통깨 0.5

### ● 양념 재료
고추장 0.5, 고춧가루 1, 맛술 1,
간장 0.5, 설탕 0.3, 다진 마늘 1

### ● 대체 식재료
쪽파 ▶ 대파

돼지고기, 배추김치, 쪽파는
잘게 썬다.

tip 익은 김치로 만들어야 맛있어요.

볼에 잘게 썬 돼지고기, 고추
장 0.5, 고춧가루 1, 맛술 1,
간장 0.5, 설탕 0.3, 다진 마늘
1을 넣고 버무린다.

팬에 식용유를 적당히 두르
고 양념한 돼지고기를 넣어
볶는다.

tip 돼지고기는 약한 불에서 천천히
익히세요.

돼지고기가 반쯤 익으면 배
추김치와 다진 양파를 넣고
볶는다.

김치가 익으면 물 1/4컵을
붓고 2~3분 정도 끓인다.

tip 물을 넣으면 김치가 더 부드러
워요.

참기름 1, 통깨 0.5, 다진 쪽
파를 넣고 섞다가 밥 위에
얹는다.

식구들에게 주말 별식으로 돈가스 덮밥을 해주면 달그락달그락 소리를 내면서 정신없이 먹고 나서 엄지를 치켜들어요. 돈가스 튀기고 덮밥 소스까지 만들 생각을 하면 나가서 사 먹고 싶지만 집에서 만드는 게 훨씬 맛있으니 주말 단골 메뉴로 자리 잡았어요.

주말 별식으로 최고

# 돈가스 덮밥

**2~3인분**  **30분**

● **주재료**
밥 2공기, 돼지고기 등심 2조각(300g),
양파 1/2개, 쪽파 5대, 달걀 3개,
밀가루·빵가루 약간씩,
식용유 적당량

● **돼지고기 양념 재료**
소금·후춧가루 약간씩

● **소스 재료**
물 1컵, 참치진국 2, 맛술 2, 간장 1,
후춧가루 약간

● **대체 식재료**
돼지고기 등심 ▶ 닭 안심

돼지고기는 칼등으로 두드려 조직을 연하게 하고 소금과 후춧가루로 밑간한다.

tip 고기를 잘 두드려야 부드럽게 먹을 수 있어요.

양파는 채 썰고 쪽파는 4~5cm 길이로 썬다.

달걀 1개는 잘 풀고 밑간한 돼지고기에 밀가루, 달걀, 빵가루 순으로 튀김옷을 입힌다.

170℃의 튀김기름에 돼지고기를 노릇노릇하게 튀겨 키친타월에 올려 기름기를 제거한다.

tip 감자나 고구마를 큼지막하게 썰어 튀김팬에 넣으면 돈가스가 타지 않고 노릇하게 잘 익어요.

냄비에 양파, 물 1컵, 참치진국 2, 맛술 2, 간장 1, 후춧가루 약간을 넣고 양파가 투명해지면 쪽파를 넣은 다음 1분 정도 끓인다.

그릇에 밥을 담고 소스를 끼얹고 돈가스를 올린 후 달걀 노른자를 터트려 붓고 달걀 흰자도 부은 다음 전자레인지에 2분 정도 돌린다.

**PETIT COOKING CLASS**

돈가스는 식용유를 바르고
200℃로 예열한 오븐에서
8~10분 정도 구워도 돼요.

한국인의 입맛에 맞게 매콤하고 싱싱한 해물이 듬뿍 들어가 한 그릇만 먹어도 든든한 해물 덮밥.
쫄깃하게 씹히는 해물과 채소가 어우러져 주말 특식으로 추천해요.

푸짐함으로 즐기는

# 해물 덮밥

<table>
<tr><td>2~3인분</td><td>20분</td></tr>
</table>

### 주재료

밥 2공기, 양파 1/4개, 당근 약간,
피망 1/2개, 오징어 1/2마리,
새우 8마리, 소금 약간,
식용유 적당량, 다진 마늘 1,
모시조개 1봉, 물 1컵

### 녹말물 재료

감자녹말 1.5, 물 3

### 양념 재료

고추장 0.3, 고춧가루 1, 간장 1,
굴소스 1, 맛술 1, 설탕 0.3,
소금·후춧가루 약간씩

### 대체 식재료

모시조개 ▶ 홍합 또는 바지락

양파, 당근, 피망은 채 썰고
오징어는 먹기 좋은 크기로
썰고 새우는 껍질을 벗기고
감자녹말 1.5와 물 3을 섞어
녹말물을 만든다.

끓는 물에 소금을 약간 넣고
오징어와 새우를 살짝 데친다.

tip 데칠 때 화이트 와인이나 청주
를 약간 넣으면 해물의 잡냄새가
사라져요.

팬에 식용유를 두르고 양파,
당근, 다진 마늘 1을 넣고 볶
는다.

tip 센 불에 살짝만 볶으세요.

양파가 투명해지면 고추장
0.3, 고춧가루 1, 간장 1, 굴소
스 1, 맛술 1, 설탕 0.3, 소금
과 후춧가루 약간씩을 넣어
볶는다.

모시조개, 데친 오징어, 새우
를 넣고 볶다가 모시조개가
입을 열면 물 1컵을 붓고 한
소끔 끓인다.

tip 봉지 모시조개를 구입하면 해감
이 되어 있어 따로 해감할 필요가
없어요.

새우가 익으면 피망을 넣고
녹말물을 부어가며 농도를
맞추고 밥 위에 얹는다.

조개가 제철인 겨울부터 봄까지 만들어 먹으면 좋은 대합 덮밥. 조개의 단맛이 양념에 배어 매콤
달콤한 별미 덮밥이 탄생해요. 대합 덮밥 맛에 반하면 겨울과 봄을 기다리게 될지도 몰라요.

겨울부터 봄까지 한정 메뉴

# 대합 덮밥

2~3인분   20분

### 재료
밥 2공기, 대합 3~4개, 청주 1,
청양고추 1개, 홍고추 1개,
양파 1/2개, 깻잎 5장, 식용유 1,
고추장 2, 고춧가루 1, 간장 0.5,
물엿 0.5, 맛술 2, 다진 마늘 1,
다진 파 2, 참기름 1, 통깨 약간

### 대체 식재료
깻잎 ▶ 김가루

대합은 내장을 제거해서 흐르는 물에 깨끗이 씻는다.

손질한 대합을 잘게 썰어 청주 1에 재운다.

청양고추와 홍고추는 어슷하게 썰고 양파는 잘게 다지고 깻잎은 돌돌 말아 가늘게 채 썬다.

팬에 식용유 1을 두르고 양파를 볶다가 양파가 투명해지면 고추장 2, 고춧가루 1, 간장 0.5, 물엿 0.5, 맛술 2, 다진 마늘 1을 넣고 1분 정도 볶는다.

대합, 청양고추, 홍고추를 넣고 재빨리 볶는다.

tip 식용유 대신 고추기름으로 볶으면 더 칼칼하고 개운한 맛이 나요.

대합이 익으면 다진 파 2, 참기름 1, 통깨 약간을 넣고 버무려 밥 위에 얹고 채 썬 깻잎을 곁들인다.

tip 조갯살은 오래 볶으면 질겨지니 살짝만 볶으세요.

이 요리는 돼지고기를 삶는 시간이 오래 걸려서 그렇지 알고 보면 아주 간단해요. 제 블로그 이웃 분들도 한 번 만들어보니 달콤하면서 부드러운 차슈 덮밥의 매력에 빠져 여러 번 만들어 드셨다고 하네요.

양념한 돼지고기를 얹은

# 차슈 덮밥

RECIPE

 2~3인분    1시간

### 주재료
밥 2공기, 삼겹살 300g, 숙주 100g,
다진 쪽파 2

### 돼지고기 삶는 물 재료
대파 1대, 마늘 5쪽, 소주 3, 후춧가루
약간, 물 적당량

### 소스 재료
간장 3, 맛술 3, 설탕 0.3

### 대체 식재료
소주 ▶ 맥주

냄비에 대파, 마늘, 소주, 후
춧가루 약간과 돼지고기가
잠길 정도로 물을 붓고 끓인
다. 물이 끓으면 삼겹살을 넣
고 센 불에서 10분, 약한 불
에서 40분 정도 삶는다.

숙주는 끓는 물에 살짝 데
친다.

간장 3, 맛술 3, 설탕 0.3을
섞어 소스를 만든다.

삼겹살이 익으면 채소는 건
져내고 소스를 넣어 5분 정
도 끓이다가 소스를 1/2컵
정도 덜어내어 주걱으로 저
으며 조린다.

tip 소스를 삼겹살에 끼얹어가며 조
려야 윤기가 흘러요.

윤기 나게 조려지면 불을 끄
고 삼겹살을 건져 얇게 썬다.

tip 차슈는 최대한 얇게 썰어야 식감
이 좋아요.

밥 위에 데친 숙주, 얇게 썬
차슈를 올리고 다진 쪽파와
소스를 뿌린다.

tip 덜어낸 소스는 밥에 뿌려요.

**12** / Chapter 6
덮밥 17

순두부 하나로

# 순두부 덮밥

시골 엄마가 만들어준 순두부처
럼 순두부 본래의 맛을 그대로
살린 덮밥이에요. 부드러운 순두
부를 매콤하게 양념하니 입맛이
살아나요.

---

**2~3인분**　　**40분**

● **주재료**
밥 2공기, 물 3컵,
다시마(10×10cm) 2장,
국물용 멸치 1줌, 순두부 1봉(350g),
청양고추 1개, 조선간장 1,
고운 고춧가루(매운맛) 1,
대파 1/2대, 다진 마늘 0.5

● **녹말물 재료**
감자녹말 1, 물 2

● **대체 식재료**
순두부 ▶ 연두부 또는 두부

물 3컵에 다시마를
넣어 30분 정도 우
리고 감자녹말 1과
물 2를 잘 섞는다.

냄비에 다시마 우린
물 3컵, 국물용 멸
치, 순두부를 넣고
청양고추는 반으로
썰어 넣고 끓인다.

**tip** 순두부와 육수를 같
이 끓이면 순두부에
간이 배어 맛있어요.
청양고추는 취향에
따라 가감하세요.

물이 끓으면 다시마
를 건지고 20분 정
도 더 끓이다가 국
물용 멸치를 건지
고 조선간장 1, 고운
고춧가루 1, 대파를
4~5cm 길이로 썰어
넣고 다진 마늘 0.5
를 넣어 끓인다.

대파가 익으면 녹말
물을 부어가며 농도
를 맞추고 밥 위에
끼얹는다.

**13** / Chapter 6
덮밥 17

나도 아침밥!

# 불고기 컵밥

바쁜 아침 시간에 등교나 출근 준비를 하면서 먹을 수 있는 초간단 아침밥이에요. 컵에 밥을 담고 다양한 곁들임 찬을 얹으면 든든하게 아침을 먹을 수 있어요.

le bonheur que
vous cherchez est
place dedans.

( 2~3인분 ) ( 30분 )

● **주재료**
밥 2공기, 쇠고기(불고기감) 200g, 양파 1/2개, 빨강 피망 1/2개, 새송이버섯 1개, 브로콜리 1/4송이, 소금·후춧가루 약간씩, 참기름 0.5

● **쇠고기 양념 재료**
간장 3, 배즙 5, 맛술 1, 설탕 0.3, 다진 파 1, 다진 마늘 0.5

● **대체 식재료**
새송이버섯 ▶ 팽이버섯

쇠고기에 간장 3, 배즙 5, 맛술 1, 설탕 0.3, 다진 파 1, 다진 마늘 0.5를 넣고 버무려 30분 정도 재운다.

양파, 빨강 피망, 새송이버섯은 채 썰고 브로콜리는 한입 크기로 썬다.

팬에 양파, 빨강 피망, 새송이버섯, 브로콜리를 넣고 살짝 볶아 소금과 후춧가루로 간한다.

다른 팬에 양념한 쇠고기를 볶다가 익기 시작하면 채소를 넣고 골고루 볶아 컵에 밥을 담고 불고기를 얹는다.

tip 국물이 남아 있을 때 불을 꺼야 밥이 촉촉해요.

Maintenant , profitez de
cette tendreté et cette
douceur à pleine bouche
avec l'entourage.

머리 손질하느라 밥 먹을 시간이 없다며 밥을 안 먹고 학교에 가려는 큰아이를 위해 컵밥을 만들게 되었어요. 컵밥을 아이 손에 쥐어주면 머리 하면서 한 입, 옷 입으면서 한 입씩 먹어요. 아침을 꼭 먹이고 싶은 엄마의 마음을 담은 요리예요.

# 피망 잡채 컵밥

**2~3인분**　**20분**

### 주재료
밥 2공기, 쇠고기 200g, 양파 1개,
피망 1개, 빨강 피망 1개, 마늘 2쪽,
생강 1톨, 대파 약간,
녹말가루 적당량, 고추기름 3

### 쇠고기 밑간 재료
간장·청주·참기름 약간씩

### 양념 재료
간장 2, 맛술 1, 굴소스 1,
참기름·후춧가루 약간씩

### 대체 식재료
피망과 빨강 피망 ▶ 풋고추와 홍고추

쇠고기, 양파, 피망, 빨강 피망,
마늘, 생강, 대파는 채 썬다.

쇠고기에 간장, 청주, 참기름
약간씩을 넣어 10분 정도
재운다.

양념한 쇠고기에 녹말가루
를 골고루 묻힌다.
tip 녹말은 감자가루로 쓰세요.

팬에 고추기름 3을 두르고
채 썬 마늘, 생강, 대파를 볶
는다.

대파가 투명해지면 양념한
쇠고기, 간장 2, 맛술 1, 굴소
스 1을 넣고 볶는다.

쇠고기가 익으면 피망, 빨강
피망, 양파를 넣고 센 불에
서 1분 정도 볶다가 참기름
과 후춧가루 약간씩을 넣어
볶은 다음 밥 위에 얹는다.
tip 피망 잡채는 센 불에서 재빨리
볶아야 물이 생기지 않아요.

밥을 잘 먹지 않았던 둘째 덕분에 음식은 맛도 맛이지만 담는 그릇도 중요하다는 걸 깨달았어요. 밥을 잘 안 먹는 아이에게 컵에 밥과 반찬을 담게 해보세요. 아마 편식하는 아이들도 자기 손으로 담은 음식은 잘 먹을 거예요.

# 짜장볶음 컵밥

**2~3**인분　**30**분

#### 🔸 주재료
밥 2공기, 돼지고기 목살 200g,
양파 1/2개, 마늘 3쪽, 대파 1대,
소금·후춧가루 약간씩, 감자녹말 2,
다진 생강 약간,
메추리알 프라이 10개

#### 🔹 양념 재료
식용유 3, 춘장 2, 간장 0.5,
굴소스 1, 청주 1, 설탕 0.5, 물 1컵,
참기름 약간

#### 🔹 녹말물 재료
감자녹말 1, 물 2

#### 🔹 대체 식재료
메추리알 ▶ 달걀

돼지고기, 양파, 마늘, 대파는
곱게 채 썰고 감자녹말 1과
물 2를 섞는다.

채 썬 대파는 찬물에 담가
바락바락 주물러 매운맛을
빼서 찬물에 담가놓는다.

돼지고기에 소금과 후춧가
루 약간씩을 넣어 밑간하고
감자녹말 2에 버무려 식용
유를 넉넉히 두른 팬에 80%
까지 익힌다.

　tip　팬을 달구지 않고 처음부터 볶아
　　　야 팬에 눌어붙지 않아요.

팬에 식용유 3을 두르고 채
썬 마늘, 다진 생강, 춘장 2를
넣고 2분 정도 볶는다.

　tip　춘장은 충분히 볶아야 쓴맛이 나
　　　지 않아요.

볶은 춘장에 돼지고기, 양파,
간장 0.5, 굴소스 1, 청주 1,
설탕 0.5를 넣고 볶는다.

돼지고기가 익으면 물 1컵을
넣고 끓이다가 녹말물을 부
어가며 농도를 맞추고 참기
름을 약간 섞은 다음 밥 위
에 얹고 파채와 메추리알 프
라이를 얹는다.

　tip　아이들은 파채보다 오이채를 더
　　　잘 먹어요.

아이들에게 외식 메뉴를 만들어주고 싶을 때 햄버그스테이크 덮밥을 만들어주곤 해요. 칼질을
하고 싶을 때 만들면 좋아요. 아이들은 달걀 프라이를 곁들이면 아주 좋아해요

# 햄버그스테이크 덮밥

**2~3인분**　**40분**

## 주재료
밥 2공기, 양파 1/4개, 식용유 적당량,
쇠고기(간 것) 300g, 다진 마늘 1,
달걀 1개, 빵가루 1/2컵, 감자녹말 1,
우유 2, 간장 1, 청주 1,
허브 솔트 0.3,
소금·후춧가루 약간씩,
달걀 프라이 3개

## 소스 재료
버터 1.5, 다진 당근 약간,
다진 양파 2, 다진 마늘 1,
양송이버섯 3개,
스파게티 소스 2/3컵, 레드 와인 4,
돈가스 소스 2, 흑설탕 1, 우유 3,
물 2/3컵

## 대체 식재료
우유 ▶ 생크림

양파는 잘게 썰고 양송이버
섯은 저며 썰어 양파만 노릇
하게 볶는다.

tip 양파를 오랫동안 볶으면 단맛이
나와 맛있어요.

쇠고기는 키친타월에 올려
핏물을 빼고 볶은 양파, 다
진 마늘 1, 달걀 1개, 빵가루
1/2컵, 감자녹말 1, 우유 2,
간장 1, 청주 1, 허브 솔트를
섞어 치댄다.

tip 오래 치대야 찰기가 생겨 모양 잡
기도 편하고 맛도 좋아요.

반죽을 둥글납작하게 빚어
가운데 부분을 살짝 누른다.

tip 살짝 눌러줘야 반죽이 봉긋하게
솟아오르지 않아요.

팬에 식용유를 두르고 센
불에서 패티를 앞뒤로 굽다
가 겉면이 익으면 약한 불로
줄이고 뚜껑을 덮고 노릇하
게 굽는다.

팬에 버터 1.5를 두르고 다
진 당근 약간, 다진 양파 2,
다진 마늘 1을 충분히 볶다
가 양송이버섯, 스파게티 소
스 2/3컵, 레드 와인 4, 돈가
스 소스 2, 흑설탕 1, 우유 3,
물 2/3컵을 넣어 끓인다.

소스에 구운 햄버그스테이크
를 넣고 졸인 다음 소금과 후
춧가루로 간하여 밥 위에 올
리고 달걀 프라이를 얹는다.

tip 햄버그스테이크 패티를 넣어 같
이 졸이면 햄버그스테이크도 익
고 소스도 맛있어요.

재료도 많이 들어가지 않고 후다닥 만들 수 있는 인기짱 밥이자 간식이에요. 기억해두면 급하게 먹을거리를 만들어야 할 때 도움이 될 거예요. 다만 마요네즈를 넣어 느끼할 수 있으니 고추 냉이를 섞어 드세요.

기억해 두어야 할 간식 밥

# 치킨 마요

2~3인분  20분

● **주재료**
밥 2공기, 닭 안심 3조각(200g),
감자녹말 약간, 달걀 2개,
식용유 적당량, 쪽파 1대,
마요네즈 2,
고추냉이 0.3, 조미 김가루 약간

● **닭고기 밑간 재료**
소금·후춧가루 약간씩

● **소스 재료**
간장 2, 맛술 2, 설탕 1, 물 1

● **대체 식재료**
닭 안심 ▶ 닭 가슴살

닭고기에 소금과 후춧가루로 밑간한다.

달걀은 잘 풀어 지단을 부친다.

밑간한 닭고기에 감자녹말을 묻혀 팬에 식용유를 넉넉히 두르고 튀기듯이 노릇노릇하게 굽는다.

달걀지단은 가늘게 썰고 닭고기는 1cm 두께로 썰고 쪽파는 송송 썬다.

tip 지단은 식으면 썰어야 깔끔하게 잘 썰려요.

볼에 간장 2, 맛술 2, 설탕 1, 물 1을 넣어 섞고 전자레인지에 30초 정도 돌려 설탕을 녹인다.

마요네즈 2와 고추냉이 0.3을 섞고 그릇에 밥을 담고 달걀지단, 닭고기 순으로 얹은 다음 소스, 고추냉이 마요네즈, 조미 김가루, 송송 썬 쪽파를 뿌린다.

tip 조미 김가루와 쪽파는 듬뿍 뿌려야 맛있어요.

# Cooking
# Know-how

**★ 찬밥으로 끓인 죽 쿠킹 노하우**

○ 찬밥으로 끓일 경우 밥과 물의 비율은 1:3 정도가 적당한데, 센 불로 끓일 때는 밥과 물을 1:4로 잡습니다.

○ 밥의 되기에 따라 물양은 가감합니다. 간혹 밥이 너무 질거나 될 때에 물양이 달라질 수 있습니다.

○ 죽은 약한 불로 뭉근히 끓여야 맛있습니다.

○ 바닥이 두툼한 냄비에 끓입니다.

○ 죽은 나무주걱으로 쑤어야 삭지 않습니다.

○ 쌀이 퍼질 때까지 중간 중간 저어야 합니다.

○ 간은 먹기 직전에 해야 죽이 삭지 않습니다.

○ 채소를 넣은 죽을 만들 때에는 단단한 채소부터 넣습니다.

○ 채소를 넣은 죽은 마지막에 참기름을 약간 넣으면 더 고소하고 맛있습니다.

찬밥으로 끓인 죽

15

# Chapter.7

RECIPE

기력 회복에 좋은

# 쇠고기 표고버섯죽

고기를 좋아하는 아이들 영양죽으로 만드는 죽이에요. 좋아하는 고기도 먹이고 채소도 듬뿍 먹이려고 머리를 짜낸 레시피랍니다. 이유식이나 기력 없을 때 먹어도 좋아요.

**2~3인분**  **30분**

● **재료**
밥 1공기, 쇠고기(간 것) 70g,
표고버섯 2개, 양파 1/4개, 당근 20g,
부추 약간, 참기름 1, 물 3컵,
소금·후춧가루 약간씩

쇠고기와 표고버섯은 저며 썰고 양파는 채 썰고 당근과 부추는 잘게 썬다.

tip 쇠고기는 키친타월로 핏물을 제거해야 누린내가 나지 않아요.

냄비에 참기름 1을 두르고 쇠고기와 양파를 넣어 2분 정도 볶는다.

밥과 물 3컵을 넣어 끓인다.

밥알이 퍼지면 표고버섯과 부추를 넣어 끓이다가 소금과 후춧가루로 간한다.

214

**02** / Chapter 7
찬밥으로 끓인 죽 15

달걀 하나만 있으면 준비 끝

# 달걀죽

달걀만 있으면 언제든지 만들 수 있는 아주 간편하면서도 맛있는 죽이에요. 간혹 주부들이 게으름 피우고 싶을 때 만들면 좋을 것 같아요. 수고에 비해 맛도 좋아 가벼운 아침 메뉴로 좋아요.

2~3인분    30분

● 재료
밥 1공기, 양파 1/4개, 애호박 20g,
당근 20g, 물 4컵,
다시마(10×10cm) 2장, 달걀 2개,
국물용 멸치 1줌,
참기름·소금 약간씩

● 대체 식재료
애호박 ▶ 브로콜리

양파, 애호박, 당근은 잘게 썬다.

냄비에 물 4컵과 다시마 2장을 넣어 물이 끓기 시작하면 다시마는 건져내고 국물용 멸치를 넣고 약한 불로 10분 정도 끓여 체에 거른다.

달걀은 잘 푼다.

냄비에 육수, 밥, 양파, 애호박, 당근을 넣어 끓기 시작하면 약한 불로 끓인다. 밥알이 퍼지면 달걀물과 참기름을 넣고 소금으로 간한다.

tip 달걀물은 원을 그리면서 조금씩 부어야 뭉치지 않아요.

친정엄마가 여름에 많이 끓여주셨던 죽이에요. 식구들이 무더위를 건강하게 나길 바라는 엄마의 마음이 담긴 사랑의 죽이었어요. 그때는 옹기종기 모여 머리를 맞대고 먹었는데…. 친정엄마는 양념하여 빨갛게 끓여주셨는데, 저는 아직 매운 것을 잘 못 먹는 둘째를 위해 하얗게 끓여요.

사랑으로 보글보글 끓인

# 닭고기 채소죽

**2~3**인분   **30**분

### ◉ 재료
밥 1공기, 닭 1/2마리(350g),
인삼 1뿌리, 대추 5개, 마늘 5쪽,
물 10컵, 당근 약간(20g), 부추 약간,
양파 1/5개, 달걀노른자 1개,
깨소금 0.3, 소금·후춧가루 약간씩

냄비에 닭, 인삼, 대추, 마늘, 물 10컵을 넣어 거품을 걷어가며 센 불에 10분 정도 끓이다가 약한 불로 줄여 30분 정도 끓인다.

당근, 부추, 양파는 잘게 썬다.

닭고기, 인삼, 대추, 마늘은 건지고 밥을 넣어 끓인다.

삶은 닭고기를 결대로 찢는다.

밥알이 퍼지면 닭고기, 당근, 양파를 넣어 끓인다.

부추를 넣고 섞어 그릇에 담고 달걀노른자와 깨소금을 넣고 소금과 후춧가루로 간한다.

**tip** 육수가 모자란다 싶을 때 우유를 조금 넣으면 맛이 부드러워요.

**04** / Chapter 7
찬밥으로 끓인 죽 15

이웃 언니의 귀띔 요리
# 땅콩죽

이웃 언니가 어렸을 때 친정엄마가 끓여주셨다는 땅콩죽. 한번 끓여봤더니 정말 고소하니 별미더라고요. 땅콩은 다른 견과류에 비해 가격도 저렴하고 양질의 단백질과 지방이 풍부해 몸에도 좋아 자주 끓여 먹고 있어요.

**2~3인분**  **20분**

● 재료
밥 1공기, 볶은 땅콩 1/3컵, 물 5컵, 소금 약간

● 대체 식재료
땅콩 ▶ 잣

볶은 땅콩은 믹서에 곱게 간다.

**tip** 생땅콩은 팬에 충분히 볶아 넣어야 고소해요.

냄비에 물 5컵과 밥을 넣어 끓인다.

밥알이 퍼지면 믹서에 넣어 밥알이 3분의 1 정도 씹힐 정도로 갈아 냄비에 넣고 끓인다.

땅콩을 넣고 저어가며 중간 불로 10분 정도 끓이다가 소금으로 간한다.

**tip** 잘 저어야 바닥에 눌어붙지 않아요.

**05** / Chapter 7
찬밥으로 끓인 죽 15

소 화 가  잘 되 는

# 녹두죽

둘째 아이는 녹두죽이라면 자다
가도 벌떡 일어나요. 녹두의 고소
하면서 담백한 맛에 반했거든요.
소화가 잘되고 피부를 곱게 하는
녹두로 쑨 죽은 아이들과 여성들
에게 추천하고 싶어요.

2~3인분   30분

● 재료
밥 1공기, 녹두 1/2컵, 물 7컵,
소금 약간

녹두는 물에 5시간
정도 불린다.

tip 여름에는 짧게, 겨울
에는 시간을 넉넉히
두고 불리세요.

불린 녹두를 비벼
가며 껍질을 벗긴다.

tip 껍질을 깨끗이 벗겨야
색이 예뻐요.

냄비에 물 7컵과 녹
두를 넣고 녹두가
완전히 익을 때까지
끓인다.

녹두알이 퍼지면 밥
을 넣어 저어가며 끓
이다가 밥알이 퍼지
면 소금으로 간한다.

tip 시간이 없을 때에는
냄비 두 개에 각각 녹
두와 밥을 끓여 합치
세요.

해장용으로 북어 콩나물죽 한 그릇만큼 반가운 게 없죠. 숙취 해소에 좋은 속풀이 해장죽이에요.
겨우내 찬바람을 맞으며 마른 북어는 빛깔이 노랗고 살이 포슬포슬 맛있는 것으로 골라야 북어
콩나물죽도 더 맛있어요.

주당들이 좋아하는 속풀이죽

# 북어 콩나물죽

**2~3**인분    **20**분

### ● 재료
밥 1공기, 양파 1/4개, 부추 약간,
당근 약간, 북어채 20g, 물 4컵,
다시마(10×10cm) 2장,
국물용 멸치 1줌, 콩나물 70g,
소금·후춧가루 약간씩

양파, 부추, 당근은 잘게 썬다.

북어채는 물에 10초 정도 불려 물기를 꼭 짠다.

**tip** 북어는 물을 잘 흡수하므로 물에 너무 오래 불리지 마세요.

불린 북어를 먹기 좋은 크기로 썬다.

냄비에 물 4컵과 다시마를 넣어 물이 끓기 시작하면 다시마는 건져내고 국물용 멸치를 넣고 약한 불로 10분 정도 끓여 체에 거른다.

육수에 밥, 콩나물, 북어, 양파, 당근을 넣고 끓기 시작하면 약한 불로 10분 정도 끓인다.

밥알이 퍼지면 부추를 넣고 소금과 후춧가루로 간한다.

**tip** 먹기 직전에 참기름을 약간 떨어뜨리면 더 고소하고 맛있어요.

참치 한 통만 있으면 무슨 요리든지 만들 수 있을 것 같아요. 바쁜 아침 시간에 찬밥으로 간편하게 끓일 수 있어 좋은 참치 통조림죽. 참치와 채소를 넣어 맛도 좋고 영양도 듬뿍 들어 있어요. 아이들 간식으로, 야참으로 추천하고 싶어요.

아침과 야식으로 활약하는

# 참치 통조림죽

 2~3인분     20분

◉ **재료**
밥 1공기, 참치(통조림) 3,
양파 1/4개, 당근 약간, 애호박 약간,
부추 약간, 참기름 1,
다시마 우린 물 3컵, 청주 1,
참치진국 0.3, 소금·후춧가루 약간씩

◉ **대체 식재료**
참치 통조림 ▶ 냉동 참치
채소 ▶ 김치

참치는 체에 밭쳐 기름기를 뺀다.

**tip** 남은 참치 통조림은 미역국이나 고추장 참치를 만들면 좋아요.

양파, 당근, 애호박, 부추는 잘게 썬다.

냄비에 참기름 1을 두르고 양파, 당근, 애호박을 넣어 볶는다.

밥과 다시마 우린 물 3컵을 넣어 끓인다.

밥알이 퍼지면 참치와 청주 1을 넣고 주걱으로 저어가며 끓인다.

**tip** 청주를 넣으면 참치의 잡냄새를 없앨 수 있어요.

잘게 썬 부추와 참치진국 0.3을 넣고 소금과 후춧가루로 간한다.

해물과 카레의 음식궁합은 어떨까요? 해물 카레죽은 쫄깃한 여러 가지 해물이 들어가 시원하고 감칠맛이 나는 죽이에요. 해물의 비린 맛을 카레향이 잡아준답니다. 우리 집에서 해물 카레죽은 은근히 맛있는 죽으로 통해요.

먹을수록 맛에 끌리게 되는

# 해물 카레죽

2~3인분   30분

### 재료
밥 1공기, 새우살 70g, 홍합살 20g,
바지락살 20g, 오징어 1/2마리,
소금·부추 약간씩, 양파 1/4개,
당근 20g, 식용유 1, 다진 마늘 0.5,
다진 생강 약간, 맛술 1, 카레가루 6,
물 3컵

### 대체 식재료
카레가루 6 ▶ 고형카레 80g

새우살, 홍합살, 바지락살, 오
징어는 옅은 소금물에 씻어
체에 밭쳐 물기를 뺀다.

오징어는 껍질을 벗겨 가로,
세로 1.5cm 크기로 썰고 부
추, 양파, 당근은 잘게 썬다.

냄비에 식용유 1을 두르고
다진 마늘 0.5와 다진 생강
약간을 넣어 볶는다.

마늘이 투명해지면 새우살,
홍합살, 바지락살, 오징어, 맛
술 1을 넣어 볶는다.

tip 센 불에서 재빨리 볶아야 물이
생기지 않아요.

당근, 양파, 밥, 카레가루 6,
물 3컵을 넣고 저어가며 끓
인다.

tip 카레가루 대신 고형카레를 넣으면
국물이 더 진하고 맛있어요.

밥알이 퍼지면 잘게 썬 부
추를 넣는다.

**PETIT COOKING CLASS**

해물을 볶을 때는 센 불에서
재빨리 볶아야 물이 생기지 않고
해물의 잡냄새도 날아가요.

**09** / Chapter 7
찬밥으로 끓인 죽 15

쫄깃한 맛으로 먹는
# 바지락죽

빈혈을 앓고 있는데, 바지락이 빈혈이나 간 기능 강화, 동맥경화 등에 좋다고 들어서 죽으로 자주 끓여 먹어요. 바지락을 싫어했다면 약처럼 얼굴 찌푸리며 먹을 텐데 쫄깃한 조갯살을 씹는 맛이 좋아 한 그릇 뚝딱 비운답니다.

( 2~3인분 )　( 20분 )

● **재료**
밥 1공기, 바지락살 1/2컵, 당근 20g, 애호박 20g, 양파 1/5개, 부추 약간, 거피 녹두 1, 참기름 1, 물 3컵, 참치진국 0.3, 소금 약간

● **대체 식재료**
거피 녹두 ▶ 녹두가루

바지락살은 옅은 소금물에 씻고 당근, 애호박, 양파, 부추는 잘게 썬다.

tip 바지락은 소금물에 깨끗이 씻어야 먹을 때 질겅거리지 않아요.

냄비에 녹두를 넣고 물 1컵을 부어 중간 불에서 5분 정도 삶는다.

냄비에 참기름 1을 두르고 바지락살, 당근, 애호박, 양파를 넣어 볶는다.

밥, 물 3컵, 삶은 녹두를 넣고 익혀 밥알이 퍼지면 부추, 참치진국 0.3, 소금으로 간한다.

tip 먹기 직전에 참기름, 깨소금, 김가루를 넣어 먹으면 더 맛있어요.

RECIPE

**10** / Chapter 7
찬밥으로 끓인 죽 15

아이들에게 인기 만점
# 게살 치즈죽

아이들은 모차렐라 치즈가 들어
간 음식은 모두 좋아하는 것 같아
요. 모차렐라 치즈를 넣은 음식을
하면 옆에서 "더 넣어주세요"라며
재촉하거든요. 부드럽게 씹히는
게살과 고소하고 담백한 모차렐
라 치즈가 만났어요.

2~3인분    30분

**● 재료**
밥 1공기, 냉동 게살 80g,
애호박 20g, 당근 20g, 양파 1/4개,
참기름 1, 모차렐라 치즈 1줌,
참치진국 0.3, 다시마 우린 물 3컵,
소금·후춧가루 약간씩

게살은 잘게 찢고
애호박, 당근, 양파
는 잘게 썬다.

냄비에 참기름 1을
두르고 게살과 채소
를 넣어 볶는다.

밥에 다시마 우린
물 3컵을 붓고 밥알
이 퍼질 때까지 저
어가며 끓인다.

참치진국 0.3, 소금,
후춧가루로 간한 다
음 모차렐라 치즈를
넣어 녹인다.

tip 옥수수가루를 넣으면
수프처럼 끓일 수 있
어요.

밥 한 그릇    227

기분이 꿀꿀할 때 파래 굴죽을 먹으면 향긋한 바다내음이 입안 가득 퍼져 기분이 금세 좋아져요.
굴은 12월부터 2월까지가 제철이니 겨울에 끓여 드세요. 그렇다면 봄, 여름, 가을 기분이 꿀꿀할
때는 무엇을 먹으면 좋을까요?

시 원 한  바 다  보 양 식

# 파래 굴죽

2~3인분    30분

### ● 재료
밥 1공기, 굴 2/3컵, 파래 1줌,
양파 1/4개, 마늘 2쪽, 물 4컵,
다시마(10×10cm) 2장,
국물용 멸치 1줌, 참기름 1,
소금·참기름 약간씩

### ● 대체 식재료
파래 ▶ 미역

굴과 파래는 각각 옅은 소금
물에 살살 씻는다.

**tip** 굴을 살짝 데치면 빛깔이 더 고
와요.

양파와 마늘은 잘게 썬다.

냄비에 물 4컵과 다시마를
넣어 물이 끓기 시작하면
다시마는 건져내고 국물용
멸치를 넣고 약한 불로 10분
정도 끓이고 체에 거른다.

냄비에 참기름 1을 두르고
양파와 마늘을 넣어 볶다가
양파에 색이 나면 밥을 넣어
볶는다.

육수를 붓고 밥알이 퍼질
때까지 끓인다.

굴과 파래를 넣고 소금으로
간하고 먹기 직전에 참기름
을 약간 넣는다.

**PETIT COOKING CLASS**

굴과 파래는 살짝만 익혀야
향과 맛을 잘 살릴 수 있어요.

신혼 때 집 근처에 노량진 수산시장이 있어서 새벽 장을 보러 가곤 했어요. 갈 때마다 꼭 사온 것이 전복이었어요. 그때만 해도 요리 초보라서 전복으로 유일하게 만들 줄 아는 요리라고는 전복죽뿐 이었지요. 그래도 자주 전복죽을 끓여 전복죽이라면 자신 있어요.

자신만만 보양식

# 전복 내장죽

RECIPE

| 2~3인분 | 30분 |
|---------|------|

● **재료**

밥 1공기, 전복(큰 것) 1개(300g),
참기름 3, 물 3컵, 소금 약간

전복은 숟가락으로 껍데기와
살을 분리한다.

칼로 내장과 살을 분리하고
전복의 이빨을 제거한 다음
살을 얇게 저며 썬다.

**tip** 전복의 이빨은 꼭 제거해야 해요.

믹서에 전복 내장과 물을
약간 넣어 곱게 간다.

팬에 참기름 3을 두르고 전복
살을 넣어 1분 정도 볶는다.

내장 간 것을 넣어 1분 정도
볶는다.

**tip** 소주를 약간 넣으면 내장의 비린
맛을 없앨 수 있어요.

밥과 물 3컵을 넣어 끓이다가
밥알이 퍼지면 소금으로 간
한다.

**PETIT COOKING CLASS**

전복 껍데기도 몸에 좋다고 하니
끓일 때 같이 넣고 끓이면
전복 한 마리의 영양을 고스란히
섭취할 수 있어요. 껍질은
한방에서도 석결명(전복 껍질을
가루로 낸 것)이라 부르며
치료약으로 쓰이기도 해요.
어지럼증이나 결막염, 시력 저하
등의 눈 질환에 많이 쓰인다고
하네요.

전해 내려오는 민간요법으로 체했을 때 새우젓을 먹기도 하였다지요. 그래서 학교 갈 준비하랴, 회사 갈 준비하랴 식구들 모두 바쁜 아침 시간, 속이 편한 죽을 상에 올릴 때가 많아요. '죽 한 그릇 먹고 나서 각자의 자리에서 하루를 보내겠지'라는 생각을 하며 죽을 끓인답니다.

바쁜 아침에 끓이는 든든한 한끼

# 순두부 새우젓죽

**2~3인분**  **30분**

● **재료**
밥 1공기, 맛타리버섯 20g,
당근 20g, 브로콜리 20g,
참기름 1, 물 3컵, 새우젓 1,
참치진국 0.3,
순두부 1/2봉(170g),
후춧가루 약간

맛타리버섯, 당근, 브로콜리
는 잘게 썬다.

팬에 참기름 1을 두르고 밥
과 당근을 넣어 볶는다.

물 3컵을 붓고 끓인다.

**PETIT COOKING CLASS**

새우 껍질에 물과 청주 약간을
넣어 우리면 육수를 만들 수
있어요. 새우 육수는 죽, 리조토,
스파게티를 만들 때 물 대신
넣으면 감칠맛이 나요. 또 묵은
새우젓을 넣으면 군내가 나니
신선한 걸로 넣으세요. 새우젓은
냉동 보관하면 오래 보관할 수
있어요.

브로콜리와 맛타리버섯을
넣어 거품을 걷어내며 끓인다.

tip 모든 죽은 눌어붙지 않게 저어가며
끓이세요.

새우젓 1과 참치진국 0.3을
넣어 한소끔 끓인다.

밥알이 퍼지면 순두부와 후
춧가루를 넣고 살짝 끓인다.

tip 순두부는 쉽게 부서지니 살짝만
끓이세요.

**14** / Chapter 7
찬밥으로 끓인 죽 15

바쁜 아침에는

# 새우죽

바쁜 아침에 먹기 편하고 속도 편한 음식으로는 죽만한 것도 없지요. 새우죽은 제가 좋아해서 자주 끓여요. 달걀을 하나 풀어 넣으면 맛이 훨씬 부드러워요.

2~3인분 | 30분

● 재료

밥 1공기, 물 3컵,
다시마(10×10cm) 2장, 양파 1/4개,
당근 20g, 애호박 20g, 부추 약간,
참기름 1, 칵테일새우 1컵(100g),
청주 1, 참치진국 0.3,
소금·후춧가루 약간씩

물 3컵에 다시마 2장을 넣어 30분 정도 우린다.

양파, 당근, 애호박, 부추는 잘게 썬다.

냄비에 참기름 1을 두르고 양파, 당근, 애호박을 넣어 볶다가 당근이 익으면 새우, 청주 1을 넣어 볶다가 밥, 다시마 우린 물을 넣고 거품을 걷어가며 끓인다.

밥알이 퍼지면 다진 부추와 참치진국 0.3을 넣고 소금과 후춧가루로 간한다.

tip 해물죽에는 맛술을 넣으면 해물의 비린 맛을 잡을 수 있어요. 또 달걀을 하나 풀어 넣으면 죽이 훨씬 부드러워요.

**15** / Chapter 7
찬밥으로 끓인 죽 15

얼큰한 죽이 당길 때

# 낙지 김치죽

쓰러진 소도 벌떡 일어나게 한다
는 낙지에 식욕 돌게 하는 김치
를 넣어 끓였어요. 밀가루를 부
드럽게 반죽해 수제비를 떠 넣고
끓여도 별미예요.

**2~3인분**  **20분**

● **재료**
밥 1공기, 낙지 1마리(200g),
밀가루 약간, 배추김치(익은 것) 2장,
부추 약간, 물 4컵,
다시마(10×10cm) 2장,
국물용 멸치 1줌, 김치 국물 3,
소금·후춧가루 약간씩

낙지는 밀가루를 약
간 뿌려 바락바락
문질러 깨끗이 씻고
익은 김치와 부추는
잘게 썬다.

냄비에 물 4컵과 다
시마 2장을 넣어 물
이 끓기 시작하면 다
시마는 건져내고 국
물용 멸치를 넣고 약
한 불로 10분 정도
끓여 체에 거른다.

냄비에 육수, 밥, 김
치 국물, 배추김치를
넣어 끓인다.

밥알이 퍼지면 낙지
를 넣어 끓이다가 부
추를 넣고 소금과
후춧가루로 간한다.

**tip** 낙지는 너무 오래 끓
이면 질겨지니 살짝만
끓이세요.

# Cooking
# Know-how

★ 아무리 맛있게 만든 별미밥도 밥만 먹으면 잘 넘어가지 않죠.
한 그릇 밥과 곁들이면 좋을 만만한 국을 소개합니다.

# Special

밥 한그릇에
곁들이는 국
10

hapter.1

# 콩나물국

**Yield**
2~3인분

**Time**
20분

● **주재료**
콩나물 1/2봉(135g), 다진 마늘 0.5,
다진 파 1, 소금 약간,
고춧가루 적당량

● **육수 재료**
물 5컵, 다시마(10×10cm) 2장,
국물용 멸치 7~8마리

**1**

볼에 물 5컵을 붓고
다시마를 넣어 30분
정도 우린다.

**2**

냄비에 다시마 우린
물을 넣고 국물이
끓으면 다시마는 건
져내고 국물용 멸치
를 넣어 약한 불로
줄이고 10분 정도
끓여 체에 거른다.

**tip** 멸치는 기름을 두르
지 않은 팬에 볶아서
넣어야 국물이 비릿하
지 않아요.

**3**

콩나물, 다진 마늘
0.5, 다진 파 1을 넣어
끓인다.

**4**

콩나물이 익으면 소
금으로 간한다.

**tip** 고춧가루는 취향에
맞게 넣으세요.

238

# 김칫국

**Yield** 2~3인분  **Time** 20분

● **주재료**
배추김치(익은 것) 3장, 대파 약간,
김치 국물 3, 다진 마늘 0.5, 소금 약간

● **육수 재료**
물 5컵, 다시마(10×10cm) 2장,
국물용 멸치 1줌

**1**
배추김치와 대파는
잘게 썬다.

tip 배추김치로 신 김치로
만들어야 맛있어요.

**2**
볼에 물 5컵을 붓고
다시마를 넣어 30분
정도 우린다.

**3**
냄비에 다시마 우린
물을 붓고 국물이 끓
으면 다시마는 건져
내고 국물용 멸치 1
줌을 넣어 약한 불로
줄이고 10분 정도 끓
여 체에 거른다.

**4**
배추김치, 김치 국물
3, 다진 마늘 0.5, 다
진 파를 넣어 거품
을 걷어내며 끓이다
가 소금으로 간한다.

tip 콩나물을 넣으면 시
원한 해장국이 돼요.

# 감잣국

Yield 2~3인분   Time 20분

● **주재료**
감자(중간 것) 2개(300g), 조선간장 1,
다진 파 1, 소금·후춧가루 약간씩

● **육수 재료**
물 4컵, 다시마(10×10cm) 2장,
국물용 멸치 1줌

**1**
감자는 껍질을 벗겨
큼직하게 썬다.

**2**
냄비에 물 4컵을 붓
고 다시마를 넣고
국물이 끓으면 다시
마는 건져내고 국
물용 멸치 1줌을 넣
어 약한 불로 줄이
고 10분 정도 끓여
체에 거른다.

tip 건진 다시마는 곱게
채 썰어 고명으로 올
리세요.

**3**
감자와 조선간장 1을
넣어 끓인다.

**4**
감자가 익으면 다진
파 1과 채 썬 다시마
를 넣고 소금과 후
춧가루로 간한다.

tip 애호박을 넣고 끓여
도 맛있어요.

**04** / Special Chapter 1
밥 한그릇에 곁들이는 국 10

**PETIT COOKING CLASS**

북어채는 통북어와 달리 물을
잘 흡수해서 물에 살짝 담갔다가
건지는 정도로만 불려도 부드러워요.
청주나 맛술을 넣으면 비린 맛이
나지 않고 개운해요.

# 북엇국

**2~3인분**　　**20분**

● **주재료**
북어채 50g, 두부 1/4모, 달걀 1개,
고춧가루 0.3, 다진 마늘 0.5, 다진 파 1,
조선간장 1, 소금·후춧가루 약간씩

● **육수 재료**
물 6컵, 다시마(10×10cm) 2장,
무 100g, 대파 1/2대, 국물용 멸치 1줌

북어채는 물에 살짝
씻어 물기를 꼭 짜
서 1.5cm 길이로 썰
고 두부도 같은 크
기로 썬다.

볼에 물 6컵을 붓고
다시마를 넣어 30분
정도 우린다.

냄비에 다시마 우린
물, 무, 대파를 넣고
국물이 끓으면 다시
마는 건져내고 국물
용 멸치 1줌을 넣어
약한 불로 줄이고
10분 정도 끓여 체
에 거른다.

육수에 북어채와
두부를 넣어 끓이
다가 고춧가루 0.3,
다진 마늘 0.5, 다진
파 1, 조선간장 1을
넣고 소금과 후춧가
루로 간한다.

**tip** 달걀은 너무 오래 끓
이면 단단해지고 맛이
없으니 부드럽게 익히
세요.

시금치 된장국은 일 년 내내 끓여 먹을 수 있지요. 된장국에 김장김치만 있어도 밥 한 공기 뚝딱 먹을 수 있고요. 섬초가 나오는 겨울에는 시금치 대신 섬초를 넣어 끓이세요. 섬초로 끓이면 국 이 달고 맛있더라고요.

# 시금치 된장국

시금치 된장국은 일 년 내내 끓여 먹을 수 있지요. 된장국에 김장김치만 있어도 밥 한공기 뚝딱 먹을 수 있고요. 섬초가 나오는 겨울에는 시금치 대신 섬초를 넣어 끓이세요.

**2~3인분** · **30분**

● **주재료**
시금치 70g, 바지락 1줌, 된장 1, 고춧가루 0.3, 다진 마늘 0.5, 다진 파 1

● **육수 재료**
물 5컵, 다시마(10×10cm) 2장, 국물용 멸치 1줌

● **대체 식재료**
시금치 ▶ 섬초 또는 포항초

1 시금치는 다듬어 씻어 5cm 길이로 썬다.

2 볼에 물 5컵을 붓고 다시마를 넣어 30분 정도 우린다.

3 냄비에 다시마 우린 물을 넣고 국물이 끓으면 다시마는 건져내고 국물용 멸치 1줌을 넣어 약한 불로 줄이고 10분 정도 끓여 체에 거른다.

4 육수에 바지락 1줌을 넣어 끓인다.

5 된장 1과 고춧가루 0.3을 체에 풀어 넣는다.

tip 집집마다 된장의 염도가 다르니 된장의 양은 조절하세요.

6 시금치, 다진 마늘 0.5, 다진 파 1을 넣어 거품을 걷어내며 한소끔 끓인다.

tip 청양고추를 넣으면 칼칼하니 맛있어요.

# 쇠고기 미역국

**Yield** 2~3인분  **Time** 1시간20분

● **재료**
마른미역 8g, 물 6컵,
쇠고기(아롱사태) 400g,
다진 마늘 0.5,
조선간장 2, 소금 약간

마른미역은 10분 정
도 물에 불린다.

냄비에 물 6컵을 붓고
쇠고기를 넣어 센 불
로 15분 정도 끓이다
가 냄비 뚜껑을 덮
고 약한 불로 줄여
1시간 정도 뭉근히
끓인다.

tip 고깃국을 끓일 때는
찬물을 붓고 끓여야
국물 맛이 진해요.

삶은 쇠고기와 불린
미역을 2cm 길이로
썬다.

육수에 쇠고기와 미
역을 넣고 한소끔
끓이다가 다진 마늘
0.5, 조선간장 2, 소
금으로 간한다.

tip 고기양이 많으니 익은
쇠고기 200g과 육수
를 약간 넣고 장조림
으로 만들어도 좋아
요.

**07** / Special Chapter 1
밥 한그릇에 곁들이는 국 10

# 오이 미역냉국

 2~3인분   15분

● **재료**
오이 1/2개, 홍고추 1/2개,
마른미역 5g, 조선간장 1,
진간장 0.5, 설탕 0.5, 초피액젓 3,
다진 마늘 0.3, 깨소금 0.3, 식초 3,
찬물 3컵, 소금 약간

● **대체 식재료**
초피액젓 ▶ 멸치액젓

오이는 곱게 채 썰고 홍고추는 저며 썬다.

마른미역은 물에 불려 2cm 길이로 썬다.

미역은 끓는 물에 살짝 데쳐 찬물에 헹궈 물기를 뺀다.

미역과 오이에 조선간장 1, 진간장 0.5, 설탕 0.5, 초피액젓 3, 다진 마늘 0.3, 깨소금 0.3을 넣어 조물조물 무친 다음 식초 3과 찬물 3컵을 넣고 섞어 소금으로 간한다.

tip 미역에 미리 간을 하면 더 맛있어요.

# 홍합 미역국

**Yield**
2~3인분

**Time**
10분

● **재료**

마른미역 약간(3g), 홍합 30개,
물 3컵, 조선간장 0.5, 다진 마늘 0.3,
소금 약간

1

마른미역은 10분 정도 물에 불린다.

2

홍합은 껍데기를 비벼 이물질을 제거한다.

tip 홍합은 수염을 완전히 제거해야 먹기 편하니 가위로 자르세요.

3

불린 미역은 2cm 길이로 썬다.

4

냄비에 물 3컵을 붓고 홍합을 넣고 끓이다가 홍합의 입이 벌어지면 미역, 조선간장 0.5, 다진 마늘 0.3을 넣고 소금으로 간한다.

tip 홍합은 늦봄부터 여름 사이의 산란기에는 독소가 들어 있고 맛이 떨어지므로 늦겨울부터 봄까지만 드세요.

# 냉잇국

**Yield** 2~3인분  **Time** 20분

● **주재료**
냉이 1줌(100g), 된장 1,
고춧가루 0.3, 다진 마늘 0.5,
다진 파 1

● **육수 재료**
다시마(10×10cm) 2장, 물 5컵,
국물용 멸치 1줌

**1** 냉이는 깨끗이 다듬어 씻어 3~4cm 길이로 썬다.

**2** 냄비에 물 5컵을 붓고 다시마를 넣고 국물이 끓으면 다시마는 건져내고 국물용 멸치 1줌을 넣어 약한 불로 줄이고 10분 정도 끓여 체에 거른다.

tip 국물용 멸치는 물기가 없는 것이 비린 맛이 나지 않아요.

**3** 육수에 된장 1, 고춧가루 0.3을 체에 풀어 넣는다.

**4** 국물이 끓으면 냉이, 다진 마늘 0.5, 다진 파 1을 넣어 한소끔 끓인다.

tip 청양고추를 송송 썰어 넣으면 얼큰하게 먹을 수 있어요.

한 그 릇 비 우 고 나 면 힘 이 나 는

# 들깨 버섯탕

한정식집에서 먹어보고 그 맛에 반해 주방까지 들어가 주방장님께 배운 요리예요.
지금도 집들이나 명절 등 중요한 모임이 있으면 손님상에 내놓는답니다. 순두부의
부드러운 맛과 버섯의 쫄깃함이 입맛을 돋워요.

2~3인분    30분

● **주재료**
새송이버섯 1개, 표고버섯 1개,
팽이버섯 1/2봉,
들깨가루 1컵+1/3컵,
순두부 1/2봉, 까나리액젓 1,
소금 약간

● **북어 육수 재료**
물 6컵, 다시마(10×10cm) 2장,
북어 대가리 1개, 무 200g,
대파 1/2대, 마른 표고버섯 3개

● **대체 식재료**
북어 대가리 ▶ 코다리 대가리
　　　　　　또는 북어 1/2마리

새송이버섯과 표고버섯은
가늘게 채 썰고 팽이버섯은
밑동을 잘라내고 5cm 길이
로 썬다.

냄비에 물 6컵과 다시마를
넣고 30분 정도 우린다.

냄비에 다시마 우린 물, 북어
대가리, 무, 대파, 마른 표고
버섯을 넣고 물이 끓기 시작
하면 다시마는 건져내고 약
한 불로 줄이고 30분 정도
끓여 체에 거른다.

tip 해물 육수를 낼 때에는 소주를
약간 넣어 끓이면 비린 맛이 사
라져요.

북어 육수에 들깨가루 1컵
+1/3컵을 푼다.

tip 들깨가루의 양을 늘려 면포에 거
르면 국물이 진하고 구수해요.

순두부, 새송이버섯, 표고버섯,
팽이버섯을 넣고 숟가락으로
순두부를 먹기 좋은 크기로
잘라서 끓인다.

까나리액젓 1과 소금으로 간
한다.

# Cooking
# Know-how

★ 별미밥에 곁들이면 밥맛이 꿀맛으로 바뀌는
맛깔스러운 반찬도 덤으로 받으세요.
자주 만들지만 맛내기 어려웠던 반찬과
음식 솜씨 좋은 고수의 손맛 비법을 어렵게 캐낸 특별한 반찬이
밥상을 책임집니다.


★ 곁들이는 찬 쿠킹 노하우

○ 양념을 계량할 때에는 가루, 액체, 장류 순으로 하면 편하고 정확하게 계량
할 수 있어요.
○ 조림은 마지막에는 센 불로 조려야 윤기가 흘러요.
○ 볶음은 팬을 달구어 재료를 볶으세요.

# Special

**밥** 한그릇에
곁들이는 **찬**
**14**

hapter.2

멸치의 새 짝꿍

# 들깨 멸치볶음

멸치볶음을 하면 다 먹을 때까지 저만 먹었었는데 들깨를 넣고 볶았더니 아이들도 잘 먹네요. 씹을 때마다 톡! 톡! 터지는 고소한 맛에 반했나 봐요. 들깨 멸치볶음은 선물하기에도 좋은 밑반찬이에요.

**4인분** **20분**

● **주재료**
마늘 1쪽, 마른 고추 1/3개분,
들깨 2, 식용유 1.5,
볶음·조림용 멸치(2~3cm) 1컵,
참기름 0.3

● **양념장 재료**
간장 0.3, 설탕 0.3, 물엿 1, 소주 1

1 마늘은 채 썰고 마른 고추는 어슷 썬다.

2 들깨는 물에 깨끗이 씻어 체에 밭쳐 물기를 뺀다.

3 팬을 달구어 들깨를 넣고 약한 불로 볶아 고운체로 불순물을 거른다.

4 간장 0.3, 설탕 0.3, 물엿 1, 소주 1을 섞어 양념장을 만든다.

tip 소주를 넣으면 멸치의 비린 맛을 제거할 수 있어요.

5 팬에 식용유 1.5를 두르고 마늘과 마른 고추를 넣고 볶다가 멸치를 넣고 볶는다.

tip 식용유 대신 포두씨유를 사용해도 돼요.

6 볶은 멸치에 들깨와 양념장을 넣고 조리듯 볶다가 참기름 0.3을 두르고 섞는다.

**PETIT COOKING CLASS**

멸치는 소멸과 중멸 사이인 볶음·조림이라고 쓰여 있는 멸치가 적당해요. 또 멸치의 간에 따라 간장의 양을 가감하세요.

# 깻잎찜

**4**인분

**20**분

● **주재료**
깻잎 50장, 들기름 2

● **양념장 재료**
고춧가루 0.3, 간장 1, 초피액젓 0.5, 물엿 0.5, 맛술 1, 다진 파 1

● **대체 식재료**
초피액젓 ▶ 까나리액젓

**1**

깻잎은 깨끗이 씻어 물기를 제거한 다음 넓적한 볼에 5장씩 담고 들기름 2를 나눠 바른다.

**tip** 들기름을 맨 위에만 뿌리면 깻잎색이 변해요.

**2**

고춧가루 0.3, 간장 1, 초피액젓 0.5, 물엿 0.5, 맛술 1, 다진 파 1을 섞어 양념장을 만든다.

**3**

김이 오른 찜통에 깻잎을 넣어 4분 30초 정도 찐다.

**tip** 깻잎을 너무 오래 찌면 질겨질 수 있어요.

**4**

찐 깻잎에 양념장을 골고루 바른다.

**tip** 깻잎찜은 양념을 적게 묻혀서 만들어야 깻잎의 맛을 제대로 살릴 수 있어요.

# 깻잎절임

 6인분   20분

● **주재료**
깻잎 70장, 멸치액젓 1.5, 간장 2

● **양념장 재료**
고춧가루 1, 물엿 0.5, 맛술 1,
통깨 0.5, 다진 마늘 0.3,
잘게 썬 홍고추 1/2개분

깻잎은 깨끗이 씻어 물기를 제거한 다음 멸치액젓 1.5와 간장 2를 넣고 중간 중간 뒤적이며 2시간 정도 절인다.

tip 깻잎의 향이 너무 진해 쓴맛이 날 때가 있는데 이때는 소금물에 깻잎을 하룻밤 정도 담그세요.

절인 깻잎의 물기를 짠다.

tip 절임물은 양념장을 만들 때 사용하니 버리지 마세요.

깻잎 절임물 2, 고춧가루 1, 물엿 0.5, 맛술 1, 통깨 0.5, 다진 마늘 0.3, 홍고추 1/2개분을 섞어 양념장을 만든다.

깻잎에 켜켜이 양념장을 발라 실온에서 하루 정도 익혀 냉장 보관한다.

tip 여름에는 냉장고에서 익히세요. 냉장고에서 한 달 정도 보관할 수 있어요.

옛 날 식

# 두부조림

친정엄마는 직접 두부를 만들어 노릇노릇하게 구워 두부조림을 만들어주시곤 했는데요. 어린 입맛에도 그 두부조림이 어찌나 맛있는지 두부를 만든 다음 날이면 엄마의 두부조림을 기다리곤 했어요. 단맛이 아닌 옛날 엄마 손맛 그대로 투박한 두부조림을 만들어봤어요.

**4**인분   **20**분

### ● 주재료
두부(부침용) 1모(340g),
소금·후춧가루 약간씩,
양파 1/4개, 홍고추 1/2개,
들기름·식용유 적당량씩,
통깨 약간

### ● 멸치육수 재료
물 1컵+1/2컵,
다시마(10×10cm) 2장,
국물용 멸치 10마리

### ● 양념 재료
간장 1.5, 고춧가루 1,
다진 마늘 0.3, 다진 파 1

### ● 대체 식재료
두부 ▶ 순두부

**1** 두부는 1cm 두께로 썰어 면포 위에 올리고 소금과 후춧가루를 뿌려 두었다가 물기를 없앤다.

**2** 양파와 홍고추는 얇게 채 썬다.

**3** 냄비에 물 1컵+1/2컵을 붓고 다시마를 넣고 끓으면 다시마는 건져내고 국물용 멸치 10마리를 넣고 부르르 끓으면 멸치를 건진다.

**tip** 멸치를 너무 오래 끓이면 두부조림이 비려지니 끓자마자 바로 건지세요.

**4** 간장 1.5, 고춧가루 1, 다진 마늘 0.3, 다진 파 1을 섞어 조림장을 만든다.

**5** 팬에 들기름과 식용유를 1:1로 두르고 두부를 넣어 앞뒤로 노릇하게 지진다.

**tip** 들기름으로만 두부를 지지면 힘이 없으니 식용유와 섞어 구우세요.

**6** 냄비에 두부를 담고 채 썬 채소와 양념장, 육수를 넣고 양념장을 끼얹어가며 조린 다음 통깨를 뿌린다.

# 멸치무침

 **Yield** 4인분

 **Time** 10분

● **주재료**
조림용 멸치 1컵+1/2컵(60g),
소주 약간, 식초 1~2방울

● **양념장 재료**
고춧가루 0.3, 간장 0.5, 올리고당 1,
다진 파 1, 다진 마늘 0.5,
참기름 0.5, 통깨 0.5

1 키친타월을 깐 접시에 멸치 1컵+1/2컵을 넣고 소주를 뿌린 다음 전자레인지에서 1분 30초 정도 익힌다.

**tip** 전자레인지의 출력에 따라 시간은 조절하세요.

2 고춧가루 0.3, 간장 0.5, 올리고당 1, 다진 파 1, 다진 마늘 0.5, 참기름 0.5, 통깨 0.5를 섞어 양념장을 만든다.

**tip** 멸치마다 짠맛이 다르니 멸치의 간을 보고 양념장을 만드세요.

3 볼에 멸치와 양념장을 넣고 무친다.

4 식초를 1~2방울 넣고 버무린다.

06 / Special Chapter 2
밥 한그릇에 곁들이는 찬 14

# 오징어채무침

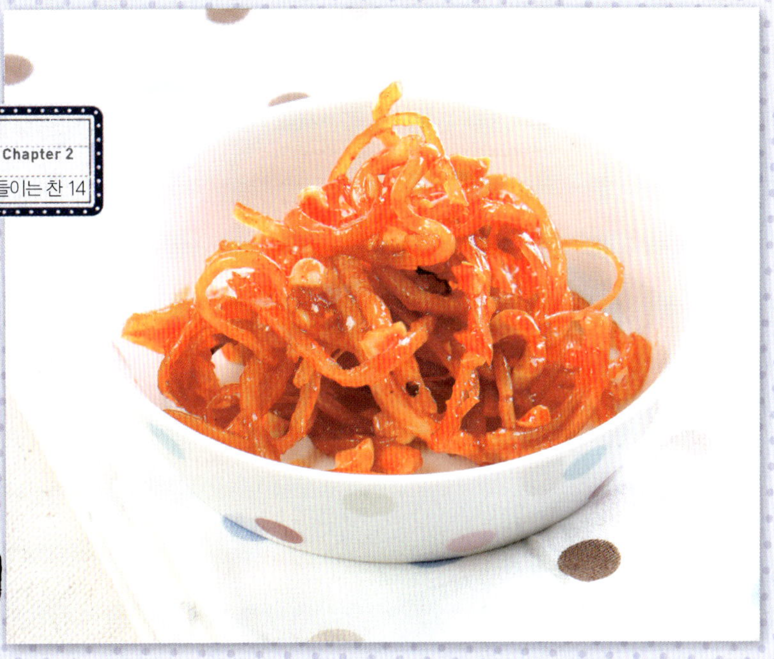

Yield 4인분 Time 20분

● **주재료**
오징어채 100g, 볶은 땅콩 1/2줌

● **양념 재료**
포도씨유 1, 고추장 1, 물엿 1.5, 간장 0.5, 맛술 1, 다진 마늘 0.5, 다진 파 2, 마요네즈 0.3, 참기름 0.5

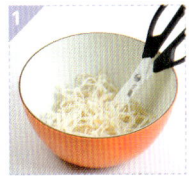

1. 오징어채는 먹기 좋게 자르고 볶은 땅콩은 다진다.

tip 바짝 마른 오징어채는 스프레이로 물을 뿌리세요.

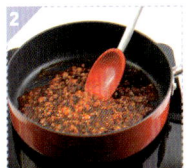

2. 팬에 포도씨유 1을 두르고 고추장 1, 물엿 1.5, 간장 0.5, 맛술 1, 다진 마늘 0.5, 다진 파 2를 넣고 끓인다.

tip 끓기 시작하면 바로 불을 끄세요.

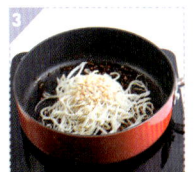

3. 양념에 오징어채와 볶은 땅콩을 넣고 무쳐 한 김 식힌다.

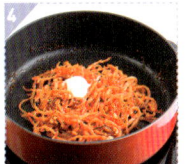

4. 마요네즈 0.3과 참기름 0.5를 넣고 무친다.

# 고추무침

 **Yield** 4인분   **Time** 5분

● **주재료**
풋고추 5~6개(70g), 참기름 약간

● **양념장 재료**
집고추장 0.5, 고춧가루 0.3,
설탕 0.5, 식초 1, 통깨 0.5

풋고추는 물에 깨끗이 씻어 얇게 어슷썬다.

tip 얇게 썰어야 맛있어요.

고추를 물에 살짝 담가 고추씨를 제거한다.

집고추장 0.5, 고춧가루 0.3, 설탕 0.5, 식초 1, 통깨 0.5를 섞어 양념장을 만든다.

tip 꼭 집고추장으로 무치세요. 시판 고추장을 넣으면 설탕양을 줄이세요.

볼에 고추를 담고 양념장을 넣어 버무린 다음 참기름을 약간 넣는다.

tip 흰 밥에 얹어 먹어도 맛있고 고기를 먹을 때 쌈을 싸 먹어도 맛있어요.

08 / Special Chapter 2
밥 한그릇에 곁들이는 찬 14

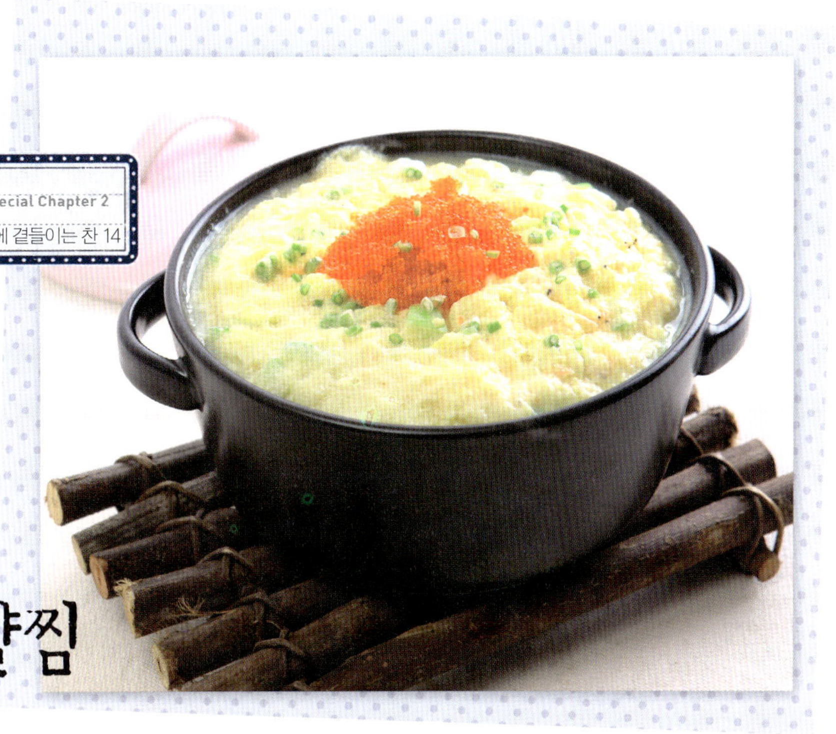

# 날치알 달걀찜

Yield 4인분 Time 30분

● **주재료**
달걀 4개, 새우젓 0.3, 날치알 1, 다진 쪽파 1

● **육수 재료**
물 2컵, 다시마(10×10cm) 2장, 국물용 멸치 8마리

● **대체 식재료**
쪽파 ▶ 대파

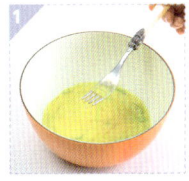

1 달걀은 잘 푼다.

tip 소주를 0.1숟가락 정도 넣으면 달걀의 비린 맛을 없앨 수 있어요.

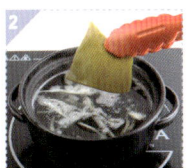

2 뚝배기에 물 2컵을 붓고 다시마를 넣고 국물이 끓으면 다시마는 건져내고 국물용 멸치 8마리를 넣어 약한 불로 줄이고 10분 정도 끓여 멸치를 건진다.

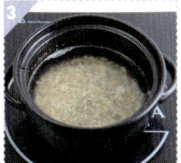

3 뚝배기에 육수와 새우젓 0.3을 넣고 끓인다.

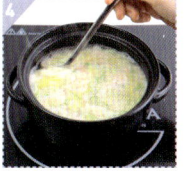

4 새우젓이 익으면 달걀을 넣고 아주 약한 불로 줄여 숟가락으로 계속 젓다가 농도가 되직해지면 약한 불로 줄이고 뚜껑을 덮고 2~3분 정도 뜸을 들인 뒤 날치알 1과 다진 쪽파 1을 얹는다.

# 북어채무침

넉넉히 만들어 두면 며칠 동안 밑반찬 걱정을 안 해도 되는 북어채무침. 처음 만들었을 때는 며칠 식량을 한 끼에 다 먹어버렸지만, 식구들 식성이 밑반찬을 오래 먹지 못해서 북어채무침은 가끔씩 만들어요.

**4**인분    **20**분

● **주재료**
북어채 2줌(50g),
식용유 적당량

● **양념 재료**
고추장 0.5, 간장 0.5,
고춧가루 0.5, 물엿 0.7, 맛술 1,
다진 마늘 0.3, 다진 파 0.5,
참기름 0.5, 통깨 0.5,
마요네즈 0.3

**1** 북어채는 물에 잠깐 담갔다가 물기를 꼭 짠다.

tip 너무 오래 담그면 북어채가 불어 양념이 잘 배지 않아요.

**2** 물기를 제거한 북어채는 1cm 길이로 썬다.

tip 가위로 자르면 편해요.

**3** 접시에 북어채를 넓게 펴고 전자레인지에서 30초~1분 정도 익힌다.

tip 너무 오래 익히면 북어가 뻣뻣해 져요.

**4** 팬에 식용유를 약간 두르고 고추장 0.5, 간장 0.5, 고춧가루 0.5, 물엿 0.7, 맛술 1, 다진 마늘 0.3, 다진 파 0.5를 넣고 살짝 끓인다.

**5** 불을 끄고 북어채를 넣고 무친다.

tip 북어채에 양념이 잘 배게 바락 바락 주무르듯이 무치세요.

**6** 참기름 0.5, 통깨 0.5, 마요네 즈 0.3을 넣어 고루 무친다.

# 무생채

**Yield**
4인분

**Time**
10분

● **주재료**
무 300g, 통깨 0.5, 고춧가루 1,
초피액젓 0.5, 굵은소금 0.3,
다진 마늘 0.3, 다진 파 2

● **대체 식재료**
초피액젓 ▶ 까나리액젓

**1**

무는 채 썬다.

**tip** 무는 계절마다 단맛
이 다른데 단맛이 없
으면 매실액을 약간
넣으세요.

**2**

통깨는 믹서에 간다.

**3**

볼에 채 썬 무채를
담고 고춧가루 1을
넣어 물들인다.

**4**

무채, 초피액젓 0.5,
굵은소금 0.3, 다진
마늘 0.3, 다진 파 2,
깻가루를 넣어 무
친다.

# 오이소박이

 4인분   20분

● **주재료**
오이 2개, 부추 1/2줌(30g),
굵은소금 약간

● **오이 절임물 재료**
물 2, 굵은소금 0.5

● **양념 재료**
고춧가루 1.5, 설탕 0.5, 매실액 0.5,
다진 새우젓 0.5, 까나리액젓 1,
다진 마늘 0.5, 다진 생강 약간

오이는 굵은소금으로 문질러 흐르는 물에 씻어 길쭉하게 4등분하여 5cm 길이로 썰어 굵은소금 0.5와 물 2를 섞은 물에 30분 정도 절인다.

**tip** 물을 약간 넣으면 오이가 잘 절여져요.

부추는 4cm 길이로 썬다.

절인 오이를 흐르는 물에 씻어 체에 밭쳐 물기를 제거한다.

볼에 오이를 담고 고춧가루 1.5, 설탕 0.5, 매실액 0.5, 다진 새우젓 0.5, 까나리액젓 1, 다진 마늘 0.5, 다진 생강 약간을 넣고 버무린다.

**tip** 물이 약간 생기는 오이소박이로 바로 먹으면 짤 수 있으니 반나절 정도 두었다가 드세요.

# 오이 물김치

오이 물김치를 처음 담갔을 때 남편이 지인들에게 '죽이는 물김치'라며 동네방네 소문을 내고 다녔어요. 오이 물김치는 담근 날보다 다음 날 먹어야 맛있어요. 여름에는 살얼음을 살짝 얼려 국수에 말아 먹으면 더위가 싹 물러가요.

**Yield** 4인분  **Time** 1시간20분

● **주재료**
부추 1줌, 무 70g, 홍고추 1개,
오이 4개, 굵은소금 적당량,
물 6컵, 다진 마늘 1, 다진 생강 0.3,
초피액젓 4, 설탕 0.5, 굵은소금 약간

● **절임물 재료**
물 4컵, 굵은소금 2.5

● **찹쌀풀 재료**
물 1컵, 찹쌀가루 2

● **대체 식재료**
초피액젓 ▶ 까나리액젓

부추, 무, 홍고추는 잘게 썬다.

오이는 굵은소금으로 문질러 흐르는 물에 씻어 8~9등분 하여 십자로 칼집을 넣는다.

볼에 물 4컵을 붓고 굵은소금 2.5를 녹여 오이를 넣고 1시간 정도 절여 체에 밭쳐 물기를 뺀다.

**tip** 소금물을 끓여서 부어도 아삭해요.

냄비에 물 1컵과 찹쌀가루 2를 넣고 찹쌀풀을 쑤어 완전히 식혀 물 6컵과 굵은소금 1.3을 넣고 잘 섞는다.

부추, 무, 홍고추, 다진 마늘 1, 다진 생강 0.3, 초피액젓 4, 설탕 0.5를 넣고 버무려 오이에 소를 채운다.

소를 채운 오이에 ④를 붓는다.

# 메추리알 장조림

메추리알 장조림은 한입에 쏙쏙 들어가 먹기 편하고 짭조름하면서 달큰한 맛이 나요.
별미밥에 김치와 메추리알 장조림을 곁들이세요.

 4인분   30분

● **주재료**
메추리알 1판(24개), 굵은소금 약간,
식초 약간, 청양고추 2개,
마른 표고버섯 3개, 마늘 2쪽

● **육수 재료**
물 2/3컵, 다시마(10×10cm) 1장

● **조림 재료**
간장 4, 설탕 1, 맛술 1

● **대체 식재료**
청양고추 ▶ 꽈리고추

볼에 물 2/3컵을 붓고 다시
마를 넣어 30분 정도 불린다.

냄비에 메추리알을 담고 잠
길 정도로 물을 부은 다음
굵은소금과 식초를 약간씩
넣고 10분 정도 삶아 찬물
에 헹궈 껍질을 벗긴다.

tip 삶을 때 굵은소금과 식초를 약간
넣으면 메추리알이 터지지 않아요.

청양고추는 어슷 썬다.

냄비에 다시마 우린 물 2/3
컵, 마른 표고버섯, 마늘을
넣고 끓기 시작하면 다시마
는 건진다.

육수에 삶은 메추리알, 간장
4, 설탕 1, 맛술 1을 넣고 조
린다.

국물이 거의 졸아들면 청양
고추를 넣어 익힌다.

tip 표고버섯은 먹기 좋은 크기로 썰어
곁들이세요.

**PETIT COOKING CLASS**

약한 불로 졸이다가 마지막에
센 불로 졸여야 윤기가 흘러요.
또 냉장 보관한 메추리알은
실온에 1시간 정도 꺼내 두었다가
삶아야 껍질이 잘 벗겨져요.

RECIPE

# 쇠고기 장조림

친정엄마가 가르쳐준 요리예요. 진간장만 넣어 만든 것보다 조선간장을 약간 넣고 맛을 내어 뒷맛이 깔끔한 장조림이랍니다. 장조림을 만들어 놓으면 이틀은 밑반찬 걱정을 하지 않아도 되어 편해요.

 4인분    1시간 20분

● **주재료**

메추리알 1판(24개), 굵은소금 약간, 식초 약간, 꽈리고추 20개, 물 4컵, 쇠고기(아롱사태) 300g, 마늘 5쪽, 대파 1/2대

● **조림 재료**

조선간장 0.5, 진간장 4, 설탕 1, 맛술 1

● **대체 식재료**

꽈리고추 20개 ▶ 청양고추 2개

**1** 냄비에 메추리알을 담고 잠길 정도의 물을 붓고 굵은소금과 식초를 약간씩 넣어 10분 정도 삶아 찬물에 담가 껍질을 벗긴다.

tip 삶을 때 소금과 식초를 넣어 삶으면 메추리알 껍질이 깨지지 않아요.

**2** 꽈리고추는 이쑤시개를 이용해 구멍을 낸다.

tip 꽈리고추에 구멍을 내야 양념이 잘 배요.

**3** 냄비에 물 4컵을 붓고 쇠고기, 마늘, 대파를 넣고 센 불로 거품을 걷어가며 10분 정도 끓이다가 냄비 뚜껑을 덮고 약한 불로 50분 정도 끓인다.

**4** 쇠고기는 체에 밭쳐 식혀서 한입 크기로 썰거나 찢는다.

tip 마늘과 대파는 건지고 육수와 쇠고기만 사용하세요.

**5** 냄비에 쇠고기, 육수, 조선간장 0.5, 진간장 4, 설탕 1, 맛술 1을 넣고 조린다.

**6** 국물이 3분의 1 정도 남았을 때 메추리알과 꽈리고추를 넣어 익힌다.

PETIT COOKING CLASS

남은 장조림은 잘게 찢어서 콩나물 국밥이나 비빔밥에 넣으세요. 장조림 국물은 냉장고에 보관했다가 나물이나 멸치를 볶을 때 사용하면 좋아요.

## 가나다순

# 요리 종류순

퇴근 후에 후다닥

# 밥 한그릇

**초판 1쇄** 2012년 12월 3일
**초판 5쇄** 2016년 12월 27일

**지은이** 정훈

**발행인 겸 편집인** 유철상
**기획 · 책임편집** 조경자 travelfoodie@naver.com
**디자인** 랄랄라디자인
**교정** 홍주연
**마케팅** 조종삼, 장다솜, 조윤선

**펴낸 곳** 상상출판
**주소** 서울시 동대문구 정릉천동로 58, 103동 206호(용두동, 롯데캐슬 피렌체)
**구입 · 내용 문의** 전화 02-963-9891, 070-8886-9892 팩스 02-963-9892
**홈페이지** www.esangsang.co.kr
**등록** 2009년 9월 22일(제305-2010-02호)
**찍은곳** 다라니

★ 가격은 뒤표지에 있습니다.
ISBN 978-89-94799-34-6 (13590)

**www.esangsang.co.kr**

# 그녀들의 노하우

식품전문쇼핑몰, 쿠키쇼핑
www.cookey.co.kr

# COOKEY
## SHOPPING

www.cookey.co.kr

"여성들을 위한 소셜 쇼핑" 검색창에  쿠키쇼핑 ▼  검색 해보세요  www.cookey.co.kr